Rudolph Weigel

Katalog der Doubletten der Sammlung Herrn E. Harzen

Rudolph Weigel

Katalog der Doubletten der Sammlung Herrn E. Harzen

ISBN/EAN: 9783743436626

Hergestellt in Europa, USA, Kanada, Australien, Japan

Cover: Foto ©Andreas Hilbeck / pixelio.de

Manufactured and distributed by brebook publishing software (www.brebook.com)

Rudolph Weigel

Katalog der Doubletten der Sammlung Herrn E. Harzen

CATALOG

der

Doubletten der Sammlung

des verstorbenen

Herrn E. Harzen

in Hamburg,

nebst mehreren anderen

zum Theil hinterlassenen Sammlungen

von

Kupferstichen, Radirungen, Handzeichnungen, Kupferwerken etc.

darunter eine sehr reiche Ikonographie von A. van Dyck,

welche

Montag den 11. April 1864

und folgende Tage

zu Leipzig

im R. Weigel'schen Kunst-Auctions-Lokal, Königsstr. No. 1

durch

Herrn Raths-Proclamator Engel

gegen baare Zahlung in Courant öffentlich versteigert werden.

Leipzig,

Druck von Bär & Hermann.

1864.

Leipziger Kunstauction.

———

Der Unterzeichnete übernimmt und besorgt den Verkauf sowohl grosser Sammlungen als kleiner Beiträge von Kupferstichen, Handzeichnungen, Oelgemälden, Kunstbüchern etc. durch Auctionen, welche unter seiner Garantie von dem verpflichteten Proclamator abgehalten werden. Das Vertrauen, welches während fünfundsiebzig Jahren Käufer und Verkäufer den von ihm und seinen Vorfahren veranstalteten Auctionen schenkten, beruht vor allem auf der gewissenhaften Anfertigung der Cataloge und pünktlichen Ausführung der Aufträge. Diejenigen öffentlichen Kabinette und Kunstfreunde, welche Doubletten oder Sammlungen versteigern lassen wollen, belieben sich der Bedingungen wegen an ihn zu wenden.

Rudolph Weigel.

Zur gef. Beachtung.

Die Versteigerung geschieht gegen baare Zahlung und werden die auswärtigen Käufer ersucht, ihre Commissionaire mit Baarkasse zu versehen.

Aufträge erbittet man sich spätestens 8 Tage vor der Versteigerung, doch macht man aufmerksam, dass denselben entweder ein Theil des muthmasslichen Erstehungsquantums baar oder Accreditive auf hiesige Banquierhäuser beizufügen sind, oder auch dass durch Postvorschuss der Betrag des Erkauften nachgenommen werden darf, ohne welche Sicherheitsstellung jene unberücksichtigt gelassen werden.

Es wird ferner ersucht, die Preise bei den Aufträgen genau zu bestimmen, da es bei den vielen Commissionen zu oft in Verlegenheit führt, wenn approximative Gebote gethan werden; wenn ein Gebot um wenige Groschen nicht überschritten worden, ist keineswegs anzunehmen, dass es der Auftraggeber deshalb erlangt haben würde, sondern dass höhere Limiten vorlagen, und versteht es sich ohnehin von selbst, dass derjenige welcher das höchste Gebot gethan, die betreffende Nummer auch nur erhalten und verlangen kann.

Nachstehende Buch- und Kunsthandlungen übernehmen Aufträge:

Aachen	Cremer'sche Buchhandlung.
Altenburg	Schnuphase'sche Buchhandlung.
Altona	A. Lehmkuhl & Comp.
Amsterdam . . .	F. Buffa & fils. — J. H. A. Jonkers. — F. Müller.
Arnsberg . . .	W. von Schilgen.
Augsburg	Birett's Antiq.-Buchhandlung. — F. Ebner.
Baireuth	C. Giessel.
Bamberg	Buchner'sche Buchhandlung.
Basel	H. Amberger. — H. Fischer & Comp. — J. L. Fuchs & Comp. — Neukirch'sche Buchhandlung.
Berlin . . .	Amsler & Ruthardt. — Besser'sche Buchhandlung. — A. Burmeister. — A. Edinger. C. G. Ende. — Enslin'sche Buchhdlg. — L. E. Lepke. — E. Mecklenburg. — Mittler'sche Sort.-Buchhandlg. — Nicolai'sche Sort.-Buchhandlung. — Oehmigke's Buchhandlung. — Gebrüder Rocca. — Jos. Rocca. — Schneider & Comp. — E. H. Schroeder. — J. A. Stargardt.

Bernburg	A. Schmelzer.
Bonn	M. Cohen & Sohn. — A. Henry. — A. Marcus.
Braunschweig . . .	E. Leibrock. — G. C. E. Meyer sen.
Bremen	A. D. Geisler'sche Buch- u. Kunsthdg. — J. G. Heyse's Sort.-Buchh. — H. L. J. Kraus. — Kühtmann & Comp. — H. Strack.
Breslau	Gosohorsky's Buchhandlung. — F. Hirt. — W. G. Korn. — J. Max & Comp. — Trewendt & Granier.
Brüssel	B. van der Kolk. — C. Muquardt.
Cassel	Bertram'sche Buchhandlung. — H. Jungklaus.
Coburg	Meusel & Sohn.
Cöln	Du Mont Schauberg'sche Buchh. — J. M. Heberle. — J. J. Pricken, Kunsthdlg. — Rommerskirchen's Buchh. — Schmitz's Sort.-Buchh.
Copenhagen	G. E. C. Gad. — Th. Lind. — Lose & Delbanco. — C. A. Reitzel's Buchh.
Cracau	D. E. Friedlein.
Crossen	P. Ehrlich & Comp.
Danzig	Th. Bertling. — L. G. Homann's Buchhandlung. — B. Const. Ziemssen.
Dorpat	E. J. Karow.
Dresden	E. Arnold. — Fr. v. Boetticher. — E. Geller. — F. C. Janssen. — Frau Lotzmann, Schlossgasse Nr. 33. — Proclamator Friedr. Rud. Meyer. — A. Reichel. — G. Schönfeld.
Düsseldorf . .	Ad. Gestewitz. — A. W. Schulgen. — Ed. Schulte.
Elbing	Neumann-Hartmann.
Erfurt	C. Villaret.
Florenz	L. Bardi.
Frankfurt a. M. . . .	Jos. Baer. — Isaak St. Goar. — H. Keller. — F. A. C. Prestel. — A. Voemel. — K. Th. Völcker.
Frankfurt a. d. O. .	G. Harnecker & Comp.
Gent	C. Muquardt.
Görlitz	C. A. Starke.
Gotha	Ferd. Hennings. — E. F. Thienemann.
Göttingen	Dieterich'sche Buchhandlung.
Haag	M. Nijhoff. — A. G. de Visser.
Hagen	Gust. Butz.
Halle	Lippert'sche Buchhandlung. — H. W. Schmidt's Sortiments-Buchhandlung.
Hamburg . . .	B. S. Berendsohn. — Commeter'sche Kunsthandlung. — Hoffmann & Campe. — Makler C. Meyer. — Perthes, Besser & Mauke.
Hannover	Hahn'sche Hofbuchhandlung. — Helwing'sche Hofbuchhandlung. — Gustav Krüger. — V. Lohse. — H. Oppermann. — C. Schrader's Nachfolger.
Heidelberg	K. Groos.

Innsbruck	F. Unterberger.
Kiel	Th. Klose. — Schwers'sche Buchhandlung. — Universitäts-Buchhandlung.
Königsberg in Pr. . .	Bon's Buchhandlung. — Gräfe & Unzer.
Leyden	E. J. Brill.
Lippstadt	A. Staats.
London	P. & D. Colnaghi. — E. A. Evans & Sons. — M. Holloway. — D. Nutt. — Williams & Norgate.
Lübeck	Dittmer'sche Buchh. — von Rohden'sche Buchh.
Lüttich	Ch. Gnusé. — Ch. van Marck.
Magdeburg	E. Baensch. — F. Kaegelmann.
Mailand	T. Laengner.
Mainz	G. Frommann. — V. v. Zabern.
Mannheim	Artaria & Fontaine.
Minden	Keiser & Comp.
München	J. Aumüller. — Max Brissel. — F. Gypen. — Mey & Widmayer. — L. A. v. Montmorillon. — Antiquar Dr. G. K. Nagler. — M. Ravizza.
Münster	Coppenrath'sche Buchh. — Theissing'sche Buchh.
Neapel	A. Detken.
Neisse	J. Graveur.
Neustrelitz	G. Barnewitz.
Nordhausen	F. Förstemann's Buchhandlung.
Nördlingen	C. H. Beck'sche Buchhandlung.
Nürnberg	F. Heerdegen. — Antiquar Lorenz Krausser. — Riegel & Wiessner. — W. Schmid'sche Buch- u. Kunsthdlg. — H. Schrag'sche Buch- u. Kunsthandlung. — J. A. Stein.
Oldenburg	Schulze'sche Buchhandlung. — G. Stalling.
Paderborn	W. Crüwell. — F. Schöningh. — J. Wesener. — L. D. Winkler.
Paris	Clement. — A. Franck. — Guichardot. — A. W. Schulgen. — E. Tross.
St. Petersburg . .	C. Röttger, Kaiserl. Hofbuchhdg. (H. Schmitz-dorff.)
Posen	J. Lissner.
Prag	K. André. — Calve'sche Buchhandlung. — Ehrlich's Buchhandlung. — F. Rziwnatz.
Regensburg	A. Coppenrath. — G. J. Manz.
Rendsburg	F. A. Oberreich's Buchhandlung.
Riga	N. Kymmel.
Rostock	Stiller'sche Hofbuchhandlung.
Rotterdam	Ad. Baedecker.
Schaffhausen . . .	Hurter'sche Buchhandlung.
Schweidnitz . . .	L. Heege.
Schwerin	A. Hildebrand. — Stiller'sche Hofbuchhandlg.
Sondershausen . . .	G. Bertram.
Stettin	Müller'sche Buchhandlung. — F. Nagel.
Stockholm	A. Bonnier. — Levertin & Sjoestedt. — Samson & Wallin.
Stralsund	C. Hingst.
Strassburg , . . .	J. Noiriel. — Treuttel & Würtz.

Straubing	Schorner'sche Buchhandlung.
Stuttgart	A. Liesching & Comp. — J. Weise.
Triest	H. F. Münster. — H. F. Schimpff.
Tübingen	L. F. Fues'sche Buchhandlung.
Turin	Herm. Loescher.
Utrecht.	T. de Bruyn. — W. F. Dannenfelser. — Kemink
	& Sohn.
Venedig	H. F. & M. Münster.
Verona	H. F. Münster.
Warschau	A. Gebethner & Wolff. — H. Natanson.
Weimar	W. Hoffmann.
Wien	Artaria & Comp. — C. Gerold's Sohn. —
	Lechner's Universitäts - Buchhandlung. —
	Miethke & Wawra. — L. T. Neumann. —
	F. Paterno.
Wriezen	E. Roeder.
Würzburg	Stahel'sche Buchhandlung.
Zürich	Cramer & Lüthi. — F. Hanke. — S. Höhr.
	— F. Schulthess.

In **Leipzig** übernehmen Aufträge:

Die Herren Kunsthändler C. G. Börner und W. Drugulin. — Herr Proclamator H. Engel. — Die Herren Buchhändler H. Fritzsche, H. Hartung, Kirchhoff & Wigand, K. F. Köhler, R. Kössling, List & Francke, C. H. Reclam sen. — Herr Kunsthändler L. Rocca. — Die Herren Buchhändler O. A. Schulz, F. Voigt, L. Voss, T. O. Weigel. — Die Herren Antiquitätenhändler Zschiesche & Köder und der Unterzeichnete:

Rudolph Weigel.

Nach jeder dieser Kunstauctionen sind gedruckte **Versteigerungspreislisten** für 2½ Ngr. zu haben.

Doubletten aus der Sammlung des verstorbenen Herrn E. Harzen in Hamburg.*)

Kupferstiche, Radirungen,

meist Peintre-Graveurs.

Italiener.

A. Andreani.

1. 2 Bl. Moses zerbricht die Gesetztafeln, und die Verehrung des Goldenen Kalbes, nach den Mosaiken des Beccafumi im Dom zu Siena. Holzschnitte von einfachen Strichplatten. B. XII. No. 4. Im zweiten Druck mit Vanni's Namen. Capitalblätter, aber fleckig u. stark beschädigt.
2. Der sich verwundernde Mann, nach F. Parmeggiano. Clairobscur. Oval. fol. B. XII. p. 146. No. 10. Dritter Abdruck mit Andreani's Zeichen.

S. Badolocchio.

3. Die heil. Familie. B. Schidone inv. 4. B. 25. Etwas fleckig.
4. St. Gregor auf Wolken. A. Correggio p. fol. B. 32. Die untere Ecke abgerissen.

A. Balestra.

5. Die beiden Krieger. 8. B. 3.

F. Barocci.

6. Die Verkündigung. fol. B. 1.
7. St. Franciskus empfängt die Wundenmale. fol. B. 3.
8. St. Franciskus in der Kapelle. fol. B. 4. Guter erster Abdruck, vor Scolari's Adresse, aber ölfleckig und scharf beschnitten.

---

*) Die Sammlung selbst ist der Stadt Hamburg legirt.

F. Bartolozzi.

9. Maria mit dem Kinde und zwei Heiligen. qu. fol.

C. Berlinghieri.

10. 3 Bl. Landschaften. qu. 4. Fehlen Bartsch. Leicht fleckig.

Meister B mit dem Würfel.

11. Das Opfer des Priap; nach Raphael. qu. fol. B. 27.
12. Dasselbe. Abgeschnitten.

B. Biscaino.

13. Die Satyrfamilie. fol. B. 39. Der Schriftrand weggeschnitten.
14. Galathea. 4. B. 40. Oelfleckig und ausgebessert.

N. Boldrini.

15. Die Philister binden Simson. Holzschnitt nach Tizian. qu. fol. Mit einem Riss.
16. Die Landschaft mit der Kuhmelkerin. Holzschnitt nach demselben. qu. fol.

J. Bonasone.

17. Die Thiere gehen aus der Arche. Raphael inv. qu. fol. B. 4. Mit einer Druckfalte.
18. Das hölzerne Pferd vor Troja, nach Primaticcio. qu. fol. B. 85. Später Abdruck mit Losi's Adresse. Die obere Ecke abgerissen.
19. Jupiter und Juno schreiten gen Himmel, nach G. Romano. qu. fol. B. 94. An der Luft ein kleines Loch zugelegt.
20. Die Hochzeit von Peleus und Thetis. qu. fol. B. 100. Späterer Abdruck der ganz ritzigen Platte.
21. Neptun stillt den Sturm, den Aeolus erregt hatte. qu. fol. B. 104. Zweifelhaftes Blatt.
22. Dasselbe in späterem Abdruck.
23. 2 Bl. aus der Geschichte der Juno. 4. B. 117. 129. Aus Mariette's Sammlung.
24. Die Thermen der Dejanira. Schmal fol. B. 166. Beschnitten und ohne das Gegenstück.

M. Borboni.

25. St. Benedict. G. Reni p. fol. B. 1.

F. Brizio.

26. Die Beschneidung. L. Carracci inv. fol. B. 1. Ein Riss unterlegt.

27. Titelblatt nach L. Carracci. 4. B. 24.
28. Dasselbe.

S. Cantarini.

29. Adam und Eva. B. 1. An den Ecken etwas restaurirt.
30. Dasselbe. Fleckig und ein grosser Riss unterlegt.
31. Ruhe auf der Flucht nach Egypten. Achteck. qu. 8. B. 7.
32. Eine andere Ruhe. 4. B. 3. Fleckig, aufgezogen u. ausgebessert.
33. Dasselbe, im seltenen Gegendruck, vor G. Reni's Namen.
34. Eine andere Ruhe auf der Flucht. qu. 4. B. 8.
35. Heilige Familie. 8. B. 13.
36. Dasselbe.
37. St. Sebastian. 4. B. 24. Die täuschende Copie.
38. St. Benedict heilt einen Besessenen, nach L. Carracci. fol. B. 27.
39. Ein Engel führt ein Kind. 4. B. 28.
40. Das Quos ego. qu. fol. B. 30. Im späteren Abdruck mit gelöschtem Elephanten u. Wappen. Etwas fleckig und ausgebessert.

D. M. Canüti.

41. St. Franz von Assissi. fol. B. 2. Fleckig und beschädigt.

B. Capitelli.

42. 1 Bl. aus dem Leben des heil. Bernhard. qu. fol. B. 28.

J. Caraglio.

43. Apollo und Daphne, nach P. del Vaga. 4. B. 18. Schmutzig und an den Ecken restaurirt.
44. 3 Bl. aus der Folge der Götter in Nischen. kl. fol. B. 34, 38, 39. An den Ecken beschädigt.
45. Hercules und Cacus, nach demselben. 4. B. 49. Alter Abdruck mit A. Salamanca's Adresse.

H. da Carpi.

46. Die Klage um den todten Heiland, nach Raphael. 4. Holzschnitt. Fehlt Bartsch; siehe Passavant P. Gr. T. VI. Aufgezogen und fleckig.
47. Der Tod des Ananias, nach Raphael's Tapete. Clairobscur. qu. fol. B. XII. p. 46. No. 27. Aufgezogen.

G. Carpioni.

48. 4 Bl. Die Elemente. qu. 8. B. 15—18.

Aug. Carracci.

49. Das Ecce homo. 8. B. 19.
50. 2 Bl. der grossen Kreuzigung in 3 Blättern, nach G. Tintoretto. gr. qu. fol. B. 23. Eingerissen, das eine fleckig und aufgezogen.
51. Die heil. Jungfrau betend. 4. B. 29. Fleckig.
52. 14 Bl. Die Apostel, Jesus, Johannes und Maria. 8. B. 48—62. 1 Bl. fehlt. Zum Theil aufgezogen und fleckig.
53. Die heil. Jungfrau mit St. Hieronymus und Magdalena, gen. der Tag des Correggio. fol. B. 95. Braun, aufgezogen und der Unterrand weggeschnitten.
54. Die Vermählung der heil. Katharina, nach P. Veronese. fol. B. 98. Zweiter Abdruck mit Franco's Adresse. Aufgezogen, fleckig und durchgerissen.
55. Der grosse St. Hieronymus. fol. B. 75. Die Ecke angesetzt und die Schrift weggeschnitten.
56. Der h. Hieronymus nach Tintoretto. fol. B. 76. Scharf beschnitten.
57. Dasselbe. Braun und aufgezogen, weil rissig.
58. Das goldene Zeitalter. Freie Darstellung. qu. fol. B. 119. Der Schriftrand weggeschnitten.
59. Dasselbe. Ebenso, fleckig und eingerissen.
60. 12 Bl. aus der Folge der sehr seltenen kleinen Lasciven. 8. B. 123—135. No. 134 fehlt. Dabei 4 Bl. Doubletten u. Copien. Zum Theil fleckig.
61. Wappen des Cardinals Aldobrandi. qu. fol. B. 162. Fleckig.
62. Der Fächer. fol. B. 260.
63. Dasselbe. Copie mit nur einem Oval rechts unten.
64. 2 Bl. Die beiden Theaterscenen. qu. fol. B. 121. 122. Gute Abdrücke vor der Adresse, das eine etwas fleckig.
65. Eines von denselben nochmals. B. 122. Ebenso, aber unten ausgebessert.
66. Dasselbe mit Suchielli's Adresse. Restaurirt.

An. Carracci.

67. Susanna im Bade. fol. B. 1. Fleckig und ein Riss unterlegt.
68. Die heil. Jungfrau mit dem Engel. 4. B. 7. Copie.
69. Die heilige Jungfrau mit dem Vogel. 4. B. 8.
70. Heilige Familie mit dem lesenden Joseph. qu. 4. B. 11. Abdruck vor der Retouche, die Ecken abgeschnitten.

71. St. Michael, nach L. Sabatini. fol. B. 12. Risse un-
    terlegt. (Ist von Aug. Carracci.)
72. St. Hiernymus. fol. B. 14.
73. St. Franciskus. 8. B. 15.
74. Jupiter und Antiope. qu. fol. B. 17.
75. Die Anbetung der Weisen. fol. Dem Meister, wie fol-
    gende, fälschlich zugeschrieben. B. App. 1.
76. Maria mit dem Kinde bei einem Baum. fol. B. App. 3.
77. Maria mit dem Raben. 4. B. App. 4.

Lud. Carracci.

78. Die heil. Jungfrau vom Jahr 1604. 4. B. 3. Gegen-
    seitige Copie. Aufgezogen.
79. Die heil. Familie. qu. fol. B. 4. Aufgezogen.
80. Dasselbe. qu. 4. Verkleinerte gegens. Copie von C.
    Bloemaert.

M. A. Merigi da Caravaggio.

81. Drei Halbfiguren in Unterredung, oder die Verleugnung
    des Petrus. 1603. qu. 4. Roth gedruckt. Sehr selten.
82. Dasselbe. Neuere Copie.

B. Castiglione.

83. Der Engel weckt den schlafenden Joseph. qu. 4. B. 10.
84. Gott Vater betrachtet seinen neugeborenen Sohn. fol.
    B. 11.
85. Diogenes sucht einen Menschen. qu. fol. B. 21.
86. Die beiden Männer und das Kind in den Ruinen. qu.
    fol. B. 27.
87. Dis Hirten hinter ihrer Heerde. qu. fol. B. 30. Gute
    Copie.
88. Dieselbe Copie.
89. Dieselbe.

J. B. Catenaro.

90. Apollo von Genien umgeben. 4.

Th. Costi.

91. Heilige Familie. qu. 4.

A. Falcone.

92. Bellona nach F. Parmeggiano. fol. B. 12. Sehr
    seltener Abdruck, auf blauem Papier, jedoch nicht
    mit Retouche.

P. Facini.

93. Der Affe mit der Katze am Kamin, nach H. Carracci.
    4. Fehlt Bartsch. Neuer Abdruck.

A. Fantuzzi.

94. Die Nymphen im Bade, nach F. Parmeggiano. fol.
B. 14. Scharf beschnitten und colorirt.

H. Farinati.

95. Der Untergang Pharao's im rothen Meer, nach P. Farinati. qu. fol. B. 1. Fleckig und an den Ecken
beschädigt.
96. Die Darstellung im Tempel, nach P. Veronese.
2 Platten. qu. roy. fol. Dem Meister zugeschrieben.

P. Farinati.

97. St. Magdalena. 4. B. 2.
98. Der trunkene Satyr. Friesförmig. qu. fol. B. 9.
Gegenseitige Copie.

O. Fialetti.

99. Fries mit Flussgöttern. qu. fol. B. 27. Fleckig.

F. G. Francia.
(Nach ihm.)

100 10 Bl. Pitture antiche esistenti nella sopressa Chiesa
di S. Cecilia; Dieci Storie della vita di detta Santa,
in Umrissen auf Stein gezeichnet, von G. Canuti zu
Bologna 1829. fol.

J. Francia.

101. Venus mit dem Winkelmaass. fol. B. XV. p. 459.
No. 6.
102. Dasselbe sehr seltene Blatt.

O. Gatti.

103. Judith steckt Holofernes Haupt in den Sack, nach
Pordenone. Oval. 4. B. 4.
104. Die heil. Jungfrau, nach L. Garbieri. 4. B. 26.
Braun.

G. Ghisi.

105. Der Schmerzensmann. B. 15. Schöner Abdruck,
ohne die Bordüre.
106. 3 Bl. Die Propheten Jeremias, Joel u. die delphische
Sibylle, aus den Plafonds des Mich. Ang. Buonar-
roti im Vatican. gr. fol. B. 17. 18. 20. 1 Bl.
aufgezogen, weil beschädigt.
107. Neptun, auf einem gewundenen Horn blasend, nach P. del
Vaga. fol. B. 30.

108. Penelope am Webstuhl, nach **Primaticcio**. qu. fol.
B. app. 2. Schwacher Abdruck.

P. Ghitti.

109. Ruhe auf der Flucht nach Egypten. J. B. Discepoli
p. fol. B. 2. Schöner Abdruck, aber fleckig
und beschädigt.

L. Giordano.

110. Das Opfer des Elias. qu. fol. B. 1.
111. Der zwölfjährige Christus im Tempel. fol. B. 3.
112. St. Anna. fol. B. 6. Erster Abdruck, vor den
Worten In. et sculp. Verschnitten.
113. Dasselbe. Ebenso, aber fleckig u. beschädigt.

F. A. Giorgioli.

114. Engel bringen einer Heiligen Palmen und Kronen. fol.
Auf grauem Papier.

F. Guercino.

115. St. Anton v. Padua. 4. B. 1. Schöner Abdruck,
der Unterrand weggeschnitten.

G. B. Ingoni.

116. Die Charitas mit zwei Kindern. 4. (Dem Meister zugeschrieben.) Beschädigt.

G. Lanfranco.

117. Ein römischer Feldherr redet zu seinen Soldaten. qu.
fol. B. 30. Aufgezogen, weil beschädigt.

L. Loli.

118. Die heilige Familie. Oval. 4. B. 6. Seltener
Abdruck vor den Künstlernamen. Aufgezogen
und fleckig.

G. Lupresti.

119. 2 Bl. Seeansichten mit Schiffen, in St. della Bella's
Manier. qu. 4. 1 Bl. fleckig und beschädigt.

A. Mantegna.

120. Der auferstandene Heiland, mit St. Andreas und St.
Longin. fol. B. 6. Aeusserst selten. Stark beschädigt.
121. Das Bacchanal mit dem Weinkübel. qu. fol. B. 19.
Matt und beschnitten.

G. B. del Moro.

122. Schlacht zwischen Constantin und Maxentius, nach

Raphael. qu. fol. B. XVI. p. 200. Zweifelhaftes Blatt, auch H. Farinati zugeschrieben. Am Rand beschnitten.

123. Die Findung Mosis, nach F. Parmeggiano. fol. B. 1. Etwas fleckig.

124. Dasselbe. Besserer Abdruck, aber beschädigt.

125. Das Grabmal eines Bischofs, nach F. Parmeggiano. fol. B. 13.

126. Dasselbe.

A. Meldolla.

127. Die Findung Moses, nach F. Parmeggiano. 4. B. 2. In der Platte ein Riss mitten durch.

128. Christus heilt die Aussätzigen, nach demselben. qu. fol. B. 16. Fleckig und am Rand etwas beschädigt.

129. Minerva und die Musen. 4. B. 79. Aufgezogen und stark beschädigt.

J. B. Mercati.

130. Ruinen eines Palastes zu Rom. qu. 4. B. 37.

Nicoletto da Modena.

131a. Das jüngste Gericht. qu. fol. B. 23. Einige Risse in der weissen Luft zugelegt und eine Ecke ergänzt. Unser Exemplar misst in die Breite drei Linien mehr, ist dagegen in die Höhe um eine halbe Linie verschnitter. Gegenstück zu No. 205 dieses Katalogs.

C. Onofri.

131b. Felsige Landschaft mit Monument rechts. qu. fol. Fehlt Bartsch.

P. Ottini.

132. Die Grablegung Christi. fol. B. 1.

F. Parmeggiano.

133. Die Verkündigung Mariä. 8. B. 2. Gegenseitige Copie. Fleckig.

134. St. Thais. 4. B. 10. Mit Riss und Loch.

135. Dasselbe. Täuschende Copie.

P. Passarotti.

136. Mariae Besuch bei Elisabeth, nach F. Salviati. qu. fol. B. 2. Hauptblatt.

D. Peruzzini.

137. Die heilige Jungfrau. 8. B. 1.

138. Die Landschaft mit den beiden Jägern. qu. 8. B. 11.

M. Piccioni.

139. Titelblatt zu dem Basrelief des Constantinsbogens. fol. B. 3.

G. A. Podesta.

140. Die Versammlung von Amoretten. Titian p. qu. fol. B. 8. Braun, aufgezogen und restaurirt.

A. Pollajuolo.

141. Die Fechter im Walde. gr. qu. fol. B. 2. Aeusserst seltenes Capitalblatt. Etwas fleckig und scharf beschnitten.

Marc Ant. Raimondi.

142a. Gott befiehlt Noah die Arche zu bauen, nach Raphael. fol. B. 3. Aufgezogen, fleckig und beschädigt. Man sieht auf diesem Exemplar bei der Pflanze unten nur 2 Blätter.

142b. Dasselbe. Gegens. Copie.

143a. Die Königin von Saba, nach Raphael. qu. fol. B. 13. Guter Abdruck dieses Capitalblattes, aber aufgezogen, fleckig und ausgebessert.

143b. Das kleine Crucifix. 8. B. 137. Beschädigt und fleckig.

144. Marter des heil. Felicitas, nach Raphael. qu. fol. B. 117. Die täuschende Copie A, wenn diese anders nicht als eine von Marc Anton selbst gestochene Wiederholung zu betrachten ist. Vor der Adresse.

145. Dasselbe. Fleckig, durchgeschnitten u. aufgezogen. Vor der Adresse.

146. 3 Bl. aus der Folge der Apostel. 8. B. 128. 130. 134.

147. Alexander lässt die Bücher des Homer in den Koffer des Darius legen, nach Raphael. qu. fol. B. 207. Alter Abdruck, aber beschmutzt und beschädigt.

148. Horatius Cocles vertheidigt die Brücke. 4. B. 190. Mit A. Salamanca's Adresse.

149. Der Tanz der Amoretten. qu. 8. B. 217. Copie A, wahrscheinlich von M. da Ravenna. Fleckig.

150. Laocoon, nach einer Zeichnung Raphael's. fol. B. 243. Von M. Dente da Ravenna. Guter Abdruck, vor A. Salamanca's Adresse, aber fleckig, scharf beschnitten und ausgebessert.

151. Das Urtheil des Paris, nach Raphael. qu. fol. B. 245. Copie. Etwas fleckig, beschnitten, einige Risse zugelegt.

1*

152. Der Parnass nach demselben. qu. fol. B. 247.
Schöner Abdruck, mit einigen kleinen ausgebes-
serten Rissen.

153. Die Aurora, nach J. Romano. Oval. fol. B. 293.
Etwas eingetuscht.

154. Der junge u. der alte Bacchant. 4. B. 294. Späterer
Abdruck.

155. Amor und die drei Knaben. 4. B. 320. Alter Abdruck. Ausgebessert.

156. Venus zieht sich einen Dorn aus dem Fuss, nach Raphael. 4. B. 321. Copie in späterem Abdruck.

157. Pyramis und Thisbe, nach F. Francia. gr. 4. B. 322.
Guter Abdruck dieses sehr seltenen Blattes, aber
etwas verschnitten.

158. Pan und Syrinx, nach Raphael. fol. B. 323. Späterer Abdruck mit G. M. Paluzzi's Adresse und der
Retouche von F. Villamena. Die oberen Ecken abgeschnitten.

159. Dasselbe, ebenso. Die unteren Ecken abgeschnitten.

160. Jupiter und Amor, nach Raphael's Plafond im Pa-
last Chigi. fol. B. 342. Sehr schöner Abdruck,
aber leider unten in der Mitte ein Stück ausge-
rissen.

161. Die Löwenjagd, nach einem antiken Basrelief. qu. fol.
B. 422. Guter Abdruck. Fleckig.

162. Dasselbe. Späterer Abdruck. Fleckig.

163. Die Frau, welche sich die Haare rauft. 8. B. 437.
Guter Abdruck dieses sehr seltenen Blattes. Etwas
fleckig.

G. Reni.

164. Die heilige Familie. fol. B. 9. Erster seltener
Abdruck, vor Guido Reni's Namen. Fleckig.

165. Dasselbe. Der Unterrand abgeschnitten.

166. Dasselbe. Ebenso und mit einigen Tintenflecken. Späterer Abdruck.

167. Das Jesuskind u. der kleine Johannes. 4. B. 12.

168. St. Hieronymus betend in der Felshöhle. fol. Fehlt
Bartsch. Selten. Aus der Sammlung Aldrovandi zu
Bologna.

169. Die Zeichenkunst. qu. 4. B. 16. Fleckig.

170. Die Grablegung Christi, nach F. Parmeggiano. fol.
B. 46. Etwas fleckig u. rissig.

171. Die heil. Familie, mit der heil. Clara nach A. Carracci oder F. Barocci. fol. B. 50.
172. Die heil. Jungfrau, nach An. Carracci. 4. B. 51. Späterer Abdruck.
173. Christus und die Samariterin, nach demselben. qu. fol. B. 52. Zweiter Druck mit Stephanoni's Adresse.
174. Dasselbe.

Schule des **G. Reni.**

175. Die heilige Jungfrau mit dem Rosenkranz. Oval. fol B. 5.
176. Maria mit Johannes und dem Vogel am Band. 4.
177. Maria mit dem Kinde, welches schläft. 4.
178. 5 Bl. Mythologische Scenen. 12.

A. Richieri.

179. Die heil. Jungfrau mit zwei Engeln und einer schlafenden Heiligen. 4. Fleckig und druckfaltig.

F. Rosa.

180. St. Cäcilia verweigert das Opfer an Jupiter, nach D. Dominichino. qu. fol. B. 3. Fleckig.

S. Rosa.

181. Democrit. gr. fol. B. 7.
182. Dasselbe. Gebräunt.
183. Glaucus und Scylla. B. 20.
184. 6 Bl. aus der Folge der Krieger. Wiederholungen. Nicht in Bartsch. 8. 1 Bl. doppelt.

H. Rossi.

185. Die heil. Jungfrau zwischen St. Hieronymus und St. Franciskus, nach L. Carracci. fol. B. 2. Sehr seltener Probe- oder Aetzdruck mit Retouchen von der Hand des Künstlers. Der Unterrand weggeschnitten.
186. Amor, nach F. Guercino. fol. B. 6.

A. Schiavone.

187. 2 Bl. aus der Folge der Ornamentcartouchen. qu. 4. B. 22. 30.

J. Scolari.

188. Pilatus zeigt den Juden den Heiland. Holzschnitt, wie die Folgenden. fol. Selten. Mitten durch gerissen und stark beschädigt.

189. St. Hieronymus in der Wüste, nach Tizian. fol. Beschädigt.
190. Entführung der Proserpina. fol. Aufgezogen.

G. A. Sirani.
191. Apollo und Marsyas. Oval. 4. B. 2.

G. (Ribera) Spagnoletto.
192. Martyrium des heil. Bartolomäus. fol. B. 6. Die Unterschrift abgeschnitten und hinten aufgeklebt.

G. Tiepolo.
193. 2 Bl. Der Tod als Pilger und andere Darstellung. qu. 4.

Jac. Thoueno.
194. Eine Himmelserscheinung 1651. fol. Selten.

F. Torre.
195. Die heil. Jungfrau zwischen St. Hieronymus und St. Franciskus, nach L. Carracci. fol. B. 3.
196. Dasselbe im seltenen Gegendruck mit Tuschretouchen. Mit einem Riss und aufgezogen.

A. da Trento.
197. Augustus und die Tiburtinische Sibylle, nach F. Parmeggiano. Clairobscur. fol. B. XII. p. 90. N. 7. Aufgezogen, weil etwas beschädigt.
198. Dasselbe. Ringsum am Rand beschädigt.
199. Maria mit dem Kinde und kleinen Johannes, nach demselben. Oval. qu. fol. Clairobscur. B. XII. p. 56. No. 12. Wahrscheinlich von unserm Meister.

F. Vanni.
200a. St. Franciskus in Verzückung. fol. B. 3. Fleckig, restaurirt und der Schriftrand abgeschnitten.

Ag. Veneziano.
200b. Das heil. Abendmahl, nach Raphael (?). fol. B. 24. Braun und etwas beschädigt.
201. Bacchus von zwei Satyrn getragen, nach Raphael (?). qu. 8. B. 215. Fleckig.

D. Viani.
202. St. Joseph. Oval. fol. B. 1. Die Ecken abgeschnitten.

G. N. Vincentino.
203. Christus heilt die Aussätzigen, nach F. Parmeggiano. Clairobscur. qu. fol. B. XII. p. 39. No. 15. Stark beschädigt.
204. Dasselbe. Später Abdruck.

Unbekannte Meister.

205. Der Bruder Marcus von Monte Santa Maria in Gallo. Figurenreiche Composition, von einem Florentinischen Meister. gr. fol. B. XIII. p. 88. No. 7. Gegenstück zu No. 131 dieses Katalogs. Sehr selten. Unten etwas restaurirt. Ueber beide Bl. vergl. Ottley An Inquiry p. 425 —30.

206. St. Markus schreibend. Von einem, älteren Meister des 16. Jahrhunderts. fol.

207. Ein schreibender Heiliger. Brustbild. In Cantarini's Manier. 4.

208. Ein mit dem Kopf auf einem Krug schlafender Faun. In Podesta's Manier. qu. fol.

209. Ein Figurenstudium. In J. Palma's Manier. qu. 4.

210. Landschaft mit einem Angler rechts vorne an einem Fluss, nach Tizian. qu. fol.

Convolut.

211. 86 Bl. Radirungen und Stiche meist von italienischen Meistern, dabei manche gute Composition, aber entweder spätere Abdrücke oder schlecht gehalten.

Deutsche.

H. Aldegrever.

212. 5 Bl. aus der Geschichte von Ammon u. Thamar. 8. B. 22. 24. 25. 27. 28. Gemischte Abdrücke. Aufgezogen.

213. Der reiche Mann und der arme Lazarus. qu. 8. B. 45. Bartsch unbekannte Copie. Aufgezogen.

214. Dasselbe. Besserer Abdruck, aber ausgebessert.

215. 5 Bl. aus der Folge der Planetengottheiten. 8. B. 76. 77. 78. 80. Dabei eine Copie. Unreine Abdrücke u. aufgezogen.

216. 9 Bl. aus der Folge der Arbeiten des Herkules. 8. B. 84. 88. 89. 90. 91. 94. 95. Dabei zwei Copien. Gute Abdrücke, zum Theil aufgezogen, fleckig und beschädigt.

217. 3 Bl. Der Friede, der Reichthum und die Freude. 8. B. 104. 107. 115. Spätere Abdrücke u. aufgezogen.

218. 8 Bl. aus der Folge der Tugenden und Laster. 8. B. 117. 118. 119. 120. 122. 123. 124. 130. Spätere Abdrücke bis auf eines. Aufgezogen und fleckig.

219. Ornament mit dem sich raufenden Centaur und Centaurin. qu. 8. B. 229. Druckfaltig und tintenfleckig.

A. Altdorfer.

220. Judith. 8. B. 1. Guter Abdruck, aber beschädigt und ausgebessert.

221. Christus und die heil. Jungfrau. 8. B. 9. Guter Abdruck.

222. Die heil. Jungfrau. 8. B. 13. Fleckig und an der Ecke beschädigt.

223. Die heil. Jungfrau. 4. B. 17. Mit einer Druckfalte und beschädigt.

224. Herkules zerreisst den Löwen. 12. B. 36. Unreiner Druck.

225. Die Verkündigung. Holzschnitt. 4. B. 44. Neuerer Abdruck.

J. Amman.

226. 3 Bl. Thiere in Landschaften. Nach ihm von St. Hermann. qu. 8.

A. Bartsch.

227. Zwei Kühe in einer Landschaft. Copie nach J. H. Roos. qu. 8.

B. Beham.

228. Lucretia sich erdolchend. 8. B. 15.
229. Die drei Todtenköpfe. qu. 8. B. 27.
230. Die vier Todtenköpfe. qu. 8. B. 28. Matt.

H. S. Beham.

231. Die Hochzeit zu Cana. qu. 8. B. 23.
232. 4 Bl. aus der Folge der Hochzeitstänzer. 12. B. 167. 170. 172. 173. Schöne Abdrücke.
233. Der Bauer und die beiden Musikanten. 12. B. 178. Fleckig und etwas eingerissen.
234. Wappen des Melch. Pfintzing. Rund. 8. Fehlt Bartsch.
235. 4 Bl. aus der Passion Christi. Holzschnitte. 8. B. 86. 87. 88. 90. Aufgezogen.
236. Ein Herr mit zwei Knaben und eine Frau mit einem Kind auf dem Arm. Holzschnitt. fol. Nicht bei Bartsch. Mit einer Druckfalte.

Meister I. B.

237. Marcus Curtius. Rund. 12. B. 8. Unreiner Druck.

238a. Der christliche Glaube. 8. B. 23. Fleckig.

S. Bendixen.

238a. 2 Bl. Landschaft mit Fluss und Schiff und Umschlag eines Buches mit grossen Bäumen am Wasser. Lithographien. qu. fol. Letzteres auf Tonpapier.

J. Bundsen.

239. Inneres der Katharinenkirche zu Hamburg während der Franzosenzeit. 4.

J. Calcar.

240. Titelblatt zum Vesal. Holzschnitt. fol. Fleckig und Wurmlöcher zugelegt.

C. W. E. Dietrich.

241. Christus heilt die Kranken. qu. fol. Linck. 20.*) Erster Abdruck. Sehr selten.

242. Der Satyr beim Bauer. qu. fol. L. 40. II. Abdruck.

243. Der Scheerenschleifer. 4. L. 75. I. sehr seltener Abdruck. Aus Hagedorn's Sammlung.

244. Die Landschaft mit dem Basrelief. qu. 8. L. 133. II. seltener Abdruck.

245. Die zum Thor herauskommende Heerde. qu. fol. L. 134. I. sehr seltener Abdruck.

246. 9 Bl. Landschaften und Köpfe von Thieren. 4. qu. 8 u. 12. Abdrücke nach der Nummer.

A. Dürer.
Kupferstiche.

247. Die heilige Jungfrau an der Thüre. 4. B. 45. Sehr selten. Etwas fleckig.

248. 6 Bl. der Passion Christi. B. 3—18. 8. Copien und Originale, letztere aber stark beschädigt.

249. St. Georg zu Fuss. 8. B. 53. Copie.

250. Der heil. Antonius. qu. 4. B. 58. Stark beschädigt u. aufgezogen.

251. Die Eifersucht. fol. B. 73. Ziemlich guter Abdruck, aber etwas beschmutzt, scharf beschnitten und zwei abgerissene Ecken wieder angesetzt.

---

*) Monographie der von . . . C. W. E. Dietrich radirten, geschabten und in Holz geschnittenen malerischen Vorstellungen. Verfasst von J. F. Linck. Berlin 1846.

252. Das Wappen mit dem Todtenkopf. 4. B. 101. Schöner Abdruck.

253. Der Grosse Cardinal. 4. B. 103. Guter Abdruck.

254. Willib. Pirkheimer. 8. B. 106. Kräftiger, jedoch etwas rauher Abdruck. Leicht fleckig.

Holzschnitte.

255. Simson tödtet den Löwen. fol. B. 2. Trefflicher Abdruck, aber beschädigt.

256. Die Anbetung der heil. drei Könige. fol. B. 3. Sehr schöner Abdruck.

257. 12 Bl. Die grosse Passion Christi. fol. B. 4—15. Alte kräftige Drucke ohne den Text auf der Rückseite. Das Titelblatt abgeschnitten.

258. Das Titelblatt dieser Folge nochmals. Ebenso.

259. 3 Bl. aus der kleinen Passion. 4. B. 18. 26. 52. Copien.

260. 27 Bl. derselben Folge. Marc-Anton'sche Copien in Kupferstich in guten alten Abdrücken, meist vor der Nummer. Aufgezogen.

261. Christus am Kreuz in Ornamentbordüre. fol. B. 56. Alter Abdruck.

262. Titelblatt zur Offenbarung Johannes. 4. B. 60. Mit Text auf der Rückseite, der Schriftrand abgeschnitten. Aufgezogen, fleckig und gerissen.

263. 15 Bl. aus dem Leben der Maria. B. 76—95. fol. Die Marc Anton'schen Copien in Abdrücken mit der Nummer. Zum Theil aufgezogen und fleckig.

264. Die heilige Familie. fol. B. 96. Schöner Abdruck, auf braunem Papier. Aufgezogen.

265. Die säugende Madonna. fol. B. 99. Oben eingerissen und die Ecke abgerissen.

266. St. Christoph. 1511. 4. B. 103. Schöner Abdruck.

267. St. Christoph. fol. B. 104. Copie in Kupferstich von Marc Anton.

268. St. Elias. fol. B. 107. Schöner Abdruck.

269. Die heiligen Stephan, Gregor und Lorenz. fol. B. 108. Guter Abdruck.

270. St. Hieronymus in der Höhle. 4. B. 113. Schöner erster Abdruck mit der Jahreszahl.

271. Die acht österreichischen Heiligen. qu. fol. B. 116. Fleckig.

272. Herkules. fol. B. **127.** Die untere rechte Ecke angesetzt.
273. Ein Mann, welcher mit der Maschine einen anderen zeichnet. qu. 4. Aus Dürer's Unterweisung der Messung. B. 146. Oben am Rand etwas beschädigt.
274. Ulrich Varnbühler. fol. B. 155. **Guter Abdruck** dieses Hauptblattes, aber ein Riss durch den Kopf zugelegt und mit dünnen Stellen im Papier.
275. Maria auf dem Halbmond. 8. Heller 2001. (Ist von H. Springinklee). Eingetuscht.
276. Der Buchstabe A. 12. Aus der Alphabetfolge.

A. Elsheimer.*)
277. Die Landschaft mit Satyrn und der tanzenden Nymphe mit Tambourin. qu. 8. **Sehr selten.** Leicht fleckig.

J. F. Ermels.
278. Der Satyrkopf. In Breemberg's Manier. 8. **Selten.**
279. 2 Bl. Landschaften mit antiken Denkmälern. 8. Mit der Nummer.
280. 2 Bl. Dieselben. Fleckig u. aufgezogen.

F. de Paula Ferg.
281. 5 Bl. aus der Folge der Capricci; dabei das Titelblatt. 8.

H. U. Frank.
282. Die raufenden Soldaten. 1643. qu. 4. **Selten,** wie die Folgenden.
283. Der zwei Bauern verfolgende Reiter. qu. 4.
284. Der über zwei Bauern wegstürmende Reiter. qu. 4 Unreiner Druck.

O. Harms.
285. 2 Bl. Landschaften mit Ruinen. 1673. 4.

H. Hopfer.
286. Allegorie auf die Macht der Liebe. qu. fol. B. 35.
287. Neunzehn Wappenschilde. qu. fol. B. 77.

J. A. Klein.
288. Barozzaro di Roma. qu. fol. Jahn 248.**)

---

*) Vergl. Passavant's Artikel im Archiv für Frankfurts Geschichte und Kunst 1847.
**) Das Werk von Johann Adam Klein, beschrieben von C. Jahn. München 1863.

D. Meyer.

289. 1 Bl. aus dessen Architectura. 1609. fol.

G. Pencz.

290. Joseph wird in die Grube hinabgelassen. 8. B. 10.
Copie. Unten an den Ecken beschädigt.
291. Tobias erblindet. qu. 8. B. 15. Aufgezogen u. verschnitten.
292. 20 Bl. aus dem Leben Jesu. qu. 8. B. 30. 31. 33
bis 36. 38—44. 47—52. 54. 1 Bl. doppelt. Gute
Abdrücke.
293. Nähret die Hungrigen. Rund 12. B. 58.
294. Tarquin tödtet seine Tochter. 8. B. 84. Guter
Abdruck.
295. Die Astrologie. 8. B. 116. Copie. Fleckig.

M. E. Ridinger.

296. Sau-Hetzer mit Hunden und dem Fangeisen, nach J.
E. Ridinger. fol.

G. Ph. Rugendas.

297. 2 Bl. aus der Folge der Reiter in Landschaften. 4.
Vor der Nummer. Fleckig.

Prinz Rupert von der Pfalz.

298. Ein römischer Edler, nach Callot. Rechts unten
das Zeichen, das wir jedoch für eine künstlich ge-
machte Verfälschung halten. 8.

G. F. Schmidt.

299. Der Meister selbst, zeichnend. 4. Jacoby 134. Guter
Abdruck. Etwas stockfleckig.
300. Der Satyr mit der Ziege, nach der Antike. 4. J. 162.
Chines. Papier.
301. Dasselbe. Späterer Abdruck mit zugelegter Schrift.
302. Dasselbe. Ebenso. Gegendruck.

M. Schön.

303. Die Kreuztragung. qu. fol. B. 21. Guter Abdruck
dieses Hauptblattes, aber fleckig, verschnitten und
ausgebessert.
304. Dasselbe; in weniger gutem Abdruck. Ebenso.

H. Sibmacher.

305. 9 Bl. Wappenschilde. qu. 8. Fleckig.

V. Solis.

306. 5 Bl. Das Abendmahl, Clio, Erato, eine Brabanterin

und ein Ornament. 8. qu. 8. Bis auf Letzteres
schlecht gehalten und aufgezogen.

B. Stange.

307. Ein Mädchen bei einem Brunnen zwischen Gebüsch.
qu. 4.

M. C. Steütner.

308. Saturn entführt die Wahrheit. Aus der Folge. qu. 8.

B. H. Thier.

309. Bergige Landschaft mit Schloss im Mittelgrund. qu. 8.

J. G. Trautmann.

310. Der Orientale mit der Federmütze. 8.

P. Troger.

311. St. Joseph mit dem Kinde. 4. Fleckig.

J. Umbach.

312. 2 Bl. Die heilige Familie, und St. Hieronymus. 8.
Das eine retouchirt.

313. 10 Bl. Landschaften mit Ruinen, Vieh und Figuren.
qu. 8.

Unbekannt.

314. 2 Bl. Köpfe von Männern, der eine mit einer Brille.
8. 12.

315. 4 Bl. Reiche Verzierungen mit Arabesken u. Blumen.
8. 1 Bl. beschädigt.

316. Ornament mit zwei Satyrinnen. In Aldegrever's Manier. 8.

317. Das gelobte abgebildete Schlaraffenland. Anonymer
Holzschnitt aus der zweiten Hälfte des 16. Jahrh. 8 Bl.
qu. roy. fol. Fleckig und defect.

318. Statue des Propheten Daniel mit Randbildern u. vielen
Inschriften von Lor. Faust. 1586. Holzschnitt von
4 Bl. roy. fol. Brüchig und rissig.

G. W. Weise.

319. Landschaft mit Wasserfall. A. v. Everdingen p.
fol.

J. Wussin.

320. Landschaft mit Heerde und spinnender Hirtin, nach
N. Berghem. qu. fol.

Convolut.

321. 32 Bl. Kupferstiche und Holzschnitte von und nach
Aldegrever, Pencz, Beham, Dürer und Anderen. Origi-
nale und Copien. In verschiedenem kleinen Format.
Schlechte Abdrücke oder schlecht gehalten.

Niederländer.

J. v. Aken.

322. Der Mann mit dem Bündel auf dem Rücken. Fluss-
landschaft nach H. Saftleven. qu. fol. B. 19. Etwas
fleckig.

J. v. Avele.

323. D'Orangerie van't Perk van Sorgvliet. gr. qu. fol.

P. v. Avont.

324. Drei Genien auf der Seeküste, einer schüttet Fische
aus einer Urne. qu. fol. Nach ihm, wie die Folgenden.
325. 12 Bl. aus der Folge der Genien u. Kinder. 8.

N. Berghem.

326. 4 Bl. Schaafe. qu. 4. B. 41. 42. 44. 47. Mit Th.
Matham's Adresse und vor der Nummer.
327. 13 Bl. Schaafe und Titelblätter aus den Folgen.
B. 29 — 49. Alte Abdrücke, einige vor der
Nummer und einige doppelt.

J. v. der Bruggen.

328. Karl König v. Spanien. Kniestück in Rüstung. Schwarzkunst. fol. An den Ecken beschädigt.

A. v. der Cabel.

329. Die Stigmatisation des heil. Franciskus. gr. fol. B. 7.
Mit einem Riss.

H. Cock exc.

330. 6 Bl. Landschaften zum Theil mit biblischer Staffage
und nach H. Breughel. qu. fol. Schlecht gehalten.

F. Floris.

331. Die Victoria zwischen überwundenen und gefesselten
Feinden. qu. fol. Selten. Aufgezogen, fleckig und
beschädigt.

C. Galle.

332. St. Philippus Neri in einem Blumenkranz. P. P. Rubens p. fol.

A. Hecke.

333. Die drei Männer im feurigen Ofen. 4. Aufgezogen und fleckig.

C. Du Jardin.

334. Bildniss des Dichters de Vos. 4. B. 52. Schöner alter Abdruck und selten. Brüchig, weil zusammengelegt.

335. 17 Bl. aus dem Werk des Meisters. 4. qu. 8. 12. Zum Theil in älteren Abdrücken mit den Nummern.

J. Jordaens.

336. Christus treibt die Wechsler und Verkäufer aus dem Tempel. qu. fol.

F. Immenraet.

337. Drei Bauern in Unterredung auf dem Platz vor einem Bauernhause. D. Teniers inv. Dem Meister zugeschrieben. qu. 4.

Lucas v. Leyden.

338. Kain tödtet Abel. 8. B. 13. Matter Abdruck und aufgezogen.

339. Die Anbetung der Weisen. qu. fol. B. 37. Gebrochen und die Ecken rechts weggeschnitten.

340. 7 Bl. aus dem Leiden Christi. B. 43—56. 8. Meist Copien. Aufgezogen und fleckig.

341. Der Schmerzensmann. 8. B. 76. Guter Abdruck.

342. Maria in der Nische. 8. B. 81. Etwas fleckig.

343. 6 Bl. aus der Folge der Apostel. 8. B. 88. 91. 93. 94. 95. 1 Bl. doppelt. Zum Theil aufgezogen, fleckig und 1 Bl. mit rother Tinte beschrieben.

344. Die beiden Musicirenden. 8. B. 155. Copie. Aufgezogen.

345a. Der Operateur. 8. B. 157. Matt und fleckig.

J. Lutma.

345b. Landschaft mit Gebirgsschlucht. 4.

A. Melar.

346. Christus sinkt unter dem Kreuz. A. van Dyck p. fol. Unten an den Ecken beschädigt und der Rand angesetzt.

H. Naiwincx.

347. 2 Bl. Landschaften. qu. 4. B. 1. 3. Gute Abdrücke, die Adresse von Cl. de Jonghe weggekratzt.

F. v. Neue.

348. 3 Bl. Landschaften mit Gebäuden und Staffage. qu. fol. B. 7. 8. 11. Oelfleckig.

W. v. Nieulant,

349. 12 Bl. aus der Folge der Ansichten in Rom und andere Landschaften. fol. qu. fol. Einige doppelt und .zum Theil beschädigt.

J. v. Noorde.

350. Brustbild eines Greises nach rechts. Dem Meister fälschlich zugeschrieben. 12.

R. v. Orley.

351a. Ruinen am grossen Marktplatz zu Brüssel. A. Coppens del. qu. fol.

G. Panneels.

351b. Nessus mit Dejanira. 4. Stark beschädigt.

Rembrandt.

352. Die alte Frau mit orientalischem Kopfputz. 4. B. 348. Matter Abdruck, wie gewöhnlich.

R. Roghman.

353. 4 Bl. der Folge der Ansichten aus Tirol. qu. 4. B. 25. 26. 31. 32. Spätere Abdrücke mit Adresse des J. M. Probst.

354. 6 Bl. Die Ansichten aus dem Gehölz bei Haag. qu. fol. B. IV. p. 37. Zweite Abdrücke mit den Punze-Retouchen von P. Nolpe. 1 Bl. aufgezogen.

S. Savry.

355. Ein Fischer mit Geräthen zum Fischfang. Rund 4. Fleckig.

P. v. Somer.

356. Landschaft mit Hirt u. Hirtin. qu. fol. Fleckig.

H. Spilman.

357. Landschaft mit Windmühle am Kanal. qu. 4.

L. Thiry.

358. 2 Bl. aus der Folge der Geschichte der Proserpina. qu. fol.

Th. v. Thulden.

359. 3 Bl. Ehrenpforten aus dem Einzug des Erzherzogs Ferdinand von Oesterreich in Antwerpen 1635. fol. qu. fol.

Unbekannt.

360. Halbfigur eines Malers mit Palette. 8.

361. Halbfigur einer Dame mit Hirtenstab. 8. Mit dem Zeichen I. H. Brull. II. 1509.

362. Theaterscene, eine Königin haut mit einem Beil nach einem Gespenst. Geistreiche Radirung mit dem Zeichen D. C. V. S. Aus Rembrandt's Schule. qu. 4.

W. Vaillant.

363. Der reuige St. Petrus. Schwarzkunst. fol.

C. de Wael.

364. 3 Bl. aus der Folge der Jahreszeiten mit Scenen aus dem italienischen Volksleben. qu. fol.

365. Titelblatt der Arbeiten der Galeerensträflinge. Von Schaep, aber vor dessen Namen. Fleckig. qu. 4.

Convolut.

366. 26 Bl. Radirungen und Stiche niederländischer Meister figürlichen Inhalts und Landschaften; dabei der gestochene Titel v. Backhuyzen. In verschiedenem kleinen Format. Schlecht gehalten.

Franzosen und Engländer.

A. G. de la Barthe.

367. Runde Landschaft mit einem Fluss zwischen Felsen. 1778. 4. Vor den Arbeiten der kalten Nadel.

F. Barlow.

368. Fünf Fasane. qu. 8. Etwas fleckig.

369. Dasselbe, vor den Grabstichelarbeiten, auf dem Rücken des stehenden Fasan's und Chines. Papier. Selten.

J. Bechon de Rochebrune.

370. Landschaft mit einem Angler. qu. 4. Fehlt Rob.-Dumenil. Selten.

J. J. de Boissieu.

371. 6 Bl. Folge der Landschaften mit Ruinen. qu. 4. Späte Abdrücke mit Jean's Adresse.

J. Callot.

372. 14 Bl. Italienische Harlekinaden und Figurenstudien. Oval. qu. 8. Copien.

J. Courtois, Bourguignon.

373. 5 Bl. aus der Folge der militairischen Darstellungen. qu. 4. R.-D. 1. 2. 5. 7. 1 Bl. doppelt. Gemischte frühere u. spätere Abdrücke. 2 Bl. fleckig.

G. Courtois, Bourguignon.

374. Die Pest. fol. R.-D. 1. Erster, Rob.-Dum. unbekannter Abdruck, vor der Adresse. Oelfleckig.

G. Dumoustier.

375. Die Bergpredigt. qu. 4. Dem Meister zugeschrieben. Fehlt Rob.-Dum. Rissig und ausgebessert.

C. Dupuis.

376. Der Kindermord zu Bethlehem. P. P. Rubens p. qu. fol.

D. van den Dyck.

377. Susanna im Bade. qu. 4. Fehlt Rob.-Dum. Selten Fleckig.
378. Dasselbe.
379. Die Verdammung der Susanna. qu. 8. Fehlt Rob.-Dum. Selten. Fleckig.

S. Françoys.

380. St. Sebastian. fol. Rob.-Dum. 2. Aufgezogen, weil beschädigt.

S. le Gros (Dilettant).

381. 4 Bl. Landschaften und Kind mit Hund im Lehnstuhl. 4. qu. 8.

L. Halbou.

382. La Cuisinière amoureuse. L. de Moni p. fol. Schmutzig und mit Wurmlöchern.

W. Hogarth.

383. The Bench. Von der verschiedenen Bedeutung des Worts Character. fol.

St. de Laulne.

384. 3 Bl. aus der Folge der Planetengottheiten. Oval. qu. 8. Beschädigt.
385. Die Entführung der Hippodamia. Copie nach E. Vico. qu. 8. Aufgezogen.

Claude Lorrain.

386. Der Meerhafen mit dem grossen Thurm. qu. 8. Rob.-Dum. 13. **Guter alter Abdruck.** Etwas schmutzig und die Nummer abgeschnitten.
387. Der Hirt u. die Hirtin in Unterredung. qu. fol. Rob.-Dum. 21. Späterer Abdruck. Fleckig.
388. Der Zeichner. qu. 4. Rob.-Dum. 9. Copie von D. Barrière.

P. J. Loutherbourg.

389. Titelblatt zur zweiten Figurenfolge. 8. Rob.-Dum. 7. Der Schriftrand abgeschnitten.

F. J. de la Mare Richard.

390. Der Greis, welcher den Kopf auf die Hand stützt. 8. Rob.-Dum. 5.
391. Dasselbe. Mit einer dünnen Stelle im Papier.
392. Kopf eines Kriegers. 8. R.-D. 13.

Graf Marsan (Dilettant).

393. Belagerung einer Festung. qu. 8. **Selten.**

G. Nardois.

394. Landschaft mit dem jungen Tobias mit dem Fisch und dem Engel. qu. fol. **Sehr selten.** Aufgezogen.

P. Oliver.

395. Ein in einem Buche lesendes Mädchen, im Geschmack von F. Parmeggiano. Kniestück. 8. **Sehr selten.**

J. le Pautre.

396. 8 Bl. Ornamente für Friese und Architrave. fol. 1 Bl. verschnitten.

G. Perrier.

397. Die heilige Familie. fol. R.-D. 1. Fleckig.

F. Place.

398. Runde Landschaft mit verfallenem Thurm an der Seeküste. 4.

M. N. Ponce-Camus.

399. Brustbild eines Alten in einer Fensteröffnung. 1782. 8. Fleckig und die Ecke abgerissen.

Gasp. Poussin.

400. Der Mann im Kahn. qu. fol. R.-D. 7. Aufgezogen und fleckig.

401. Landschaft mit zwei Figuren. qu. fol. R.-D. 8. Am Schriftrand beschnitten.

A. Quesnel.

402. Die Himmelfahrt Christi. 1636. fol. Fleckig und beschädigt.

J. Rabasse.

403. Ruhe auf der Flucht nach Egypten. qu. fol. R.-D. 3. Selten. Aus Lord Bute's Sammlung.

F. Ragot.

404. Maria mit dem Kinde, welches von der heil. Katharina verehrt wird. A. v. Dyck inv. fol. Mit einem Riss.

P. Scalberge.

405. Amor trocknet Venus das Bein. 4. R.-Dum. 33. Fleckig.

406. Venus mit Amor im Arm. 4. R.-D. 26. Ebenso.

Theodore.

407. Die Frau mit dem Paquet auf dem Kopfe. Rund 4. R.-D. 3.

A. Watteau.

408. Die gegen den Grund gehende Frau. 8. R.-D. 6.

Unbekannt.

409. 2 Bl. Landschaften mit dem jungen Tobias und dem Engel. qu. 4. qu. 8. Gut radirt.

Handzeichnungen.

(Die Namen des seitherigen Besitzers beibehalten.)

H. Avercamp.

410. Zwei männliche Köpfe. Feder. qu. 8.

Mich. Ang. Buonarroti.

411. Ein gegen vorne schreitender, linkshin blickender Mann. Kreide. fol. Aufgezogen und rissig.

A. Castillo de Saavedra.

412. Die heilige Jungfrau in Engelsglorie. Feder auf grünlichem Papier, weiss gehöht. fol.

S. Conca.

413. Zwei nackte weibliche Figuren und Frauen mit Kindern. Feder u. Tusche. qu. fol.

D. Dominichino.

414. Kopf eines jungen Mädchen. Kreide auf grauem Papier. fol. Aufgezogen.

P. Farinati.

415. Ein auf seinem Schild knieender Krieger. Feder und Tusche. fol. Aufgezogen.

416. St. Margarethe auf dem Drachen. Tusche. fol.

Polidoro da Caravaggio.

417. Eine Wein einschenkende Frau und ein Genius bei einem Weinkrug. Tusche. fol. Aufgezogen.

Paolo Veronese.

418. Auffindung des kleinen Moses. Feder. qu. fol. Aufgezogen.

J. Vignola.

419. Zwei Heilige mit Büchern, denen oben zwei Engel erscheinen. Schwarze und rothe Kreide. fol. Aufgezogen.

A. Viviani.

420. Die Verehrung des neugeborenen Kindes. Rothe und schwarze Kreide. fol. Aufgezogen.

J. B. Weenix.

421. Pferde und Kühe. Studium. Tusche. qu. 8.

Unbekannt.

422. Studium nackter weiblicher Figuren. Rothe Kreide u. Bleistift. qu. fol.

423. Kopf eines Mannes mit Mütze. Feder u. Tusche. fol. Aufgezogen.

424. Bildniss des Dichters Fr. Rückert in ganzer Figur als wandernder Student den 14. April 1815. Feder. 8.

425. 5 Bl. Figürliches und Landschaften mit Architectur. Feder, Tusche und Kreide. fol. qu. fol. qu. 8.

H. R. Füessli, der Jüngere.

426. Ein Band mit Skizzen in Federzeichnung aus dem Schweizer-Leben, meist lustige Scenen sich beim Wein erfreuender Bauern, oder Bauernbacchanale. 176 Bl. mit doppelt so vielen Vorstellungen, zwei auf jedem Blatt, deren obere Hälfte durchweg weiss gelassen, wie zum Einschreiben von Gedichten. Interessante Compositionen in der Art eines Schweizer-Ostade.

Kupferstiche, Radirungen etc.

J. v. Aimeloven.

427. 6 Blatt Landschaften. qu. 4. B. 21—26. Späte Abdrücke.

G. Audran.

428. Frère Blaise. Radirt. fol. Bis zum Stichrand beschnitten.

W. Baillie.

429. Der Bacchusknabe beim Fass. A. Milani del. qu. 4. Chines. Papier.

V. Biberger.

430. Papst Clemens XI. Schwarzkunst. fol.

S. à Bolswert.

431. Die Löwenjagd. P. P. Rubens p. gr. qu. fol. Schöner Abdruck, aber restaurirt u. fleckig.
432. Die tanzenden Landleute. qu. fol. Alter Abdruck. Beschnitten.

Fr. A. Brand.

433. Das Geschirr in der Küche. Schwarzkunst. qu. fol.

Fr. Burani.

434. Der trunkene Bacchus bei der Kufe. Radirt. qu. fol. B. 1. Mit Rossi's Adresse.

J. v. Bruggen.

435. Jacob v. Schuppen, Maler. Se ipse p. Schwarzkunst. 4.
436. Eigenportrait. Schwarzkunst. 4.

H. Burgmair.

437. Venus und Mars. Eisenstich. B. 1. Neuer Druck.

W. Delff.

438. J. Wtenbogaerd. P. Moreelse p. fol. Schöner Abdruck.

L. de Deyster.

439. S. M. Magdalena. 4. Neuer Abdruck.

A. Dircks.

440. Pius IX., v. Overbeck. Lithogr. auf Chines. Papier. gr. fol.

J. Dixon.

441. Ugolino. J. Reynolds p. Hauptbl. der Schabkunst.
gr. qu. fol.

Nach A. van Dyck.

442. 6 Bl. Diverse Portraits zum Theil aus der Iconographie.
fol. 4. Späte Abdrücke.

J. Faber.

443. Anna, Prinzessin von Oranien. A. van Dyck p.
Schwarzkunst. fol.

A. Flamen.

444. Reitergefecht. qu. 8. B. 116.

H. Goltzius.

445. Mars und Venus werden überrascht. B. 139. fol. Die
untere linke Ecke defect.

446. Die wüthenden Pferde. J. Stradanus inv. qu. fol.
B. 293.

V. Green.

447a. Daniel bei Belsazzar. B. West p. Schwarzkunst.
gr. qu. fol. Bis zum Stichrand beschnitten. Oben
ein Riss.

447b. Königin Margarethe und ihr Sohn werden von einem
Räuber angefallen. J. G. Huck p. Schwarzkunst.
gr. qu. fol.

J. G. Haid.

448. Die junge Frau mit Ringkragen, nach Rembrandt.
Schwarzkunst. fol. Bis zum Stichrand beschnitten.

Bl. Höfel.

449. Die hängenden Rebhühner. P. F. Hamilton p. fol.
Chines. Papier. 4.

R. de Hooghe.

450. 2 Bl. Der Reiter bei der Furth, und der Reiter in
der Rennbahn. Radirt. qu. fol.

B. Jenichen.

451. Joach. Camerius. 8.

P. de Jode.

452. 2 Bl. Al. Contareno, und B. a Gent. A. van Hulle p.
fol. Aus Mariette's Sammlung, aber der Plattenrand
beschnitten.

J. Kaupertz.

453. 2 Bl. Der Flötenspieler, und der Flohsucher. H. Kupetzky u. G. Dow p. Schwarkunst. fol.

C. W. Kolbe.

454. Das nackte Mädchen mit dem Lamm. qu. 8. Fleckig.
455. Ein nackter Reiter entführt eine nackte Frau. fol.
456. Ein Satyr fängt ein fliehendes nacktes Weib. fol.
457. Das nackte Mädchen im Schilfe. qu. fol.
458. Die Kuh im Sumpfe. qu. fol. Hauptblatt mit Zehl's
Adresse.
459. Der Leierspieler und das Mädchen beim Brunnen. gr.
qu. fol. Etwas fleckig.
460. Die Badenden. gr. fol.
461. 2 Bl. Waldpartien. qu. 4.

Mair von Landshut.

462. Das gothische Portal. fol. Zweifelhaft. Neu.

J. Michelis.

463. Wilhelm II. von Oranien, als Kind. A. v. Dyck p.
Schwarzkunst. fol. Brüchig.

Pb. Millot.

464. Adam und Eva, nach Bloemaert. 4.

Fr. Müller.

465. 8 Bl. Radirungen. Figuren und Thierstücke. qu. 4.
qu. 8.
466. 2 Bl. Affenkomödie und Bänkelsänger. fol. Die Adr.
abgeschnitten.

J. S. Negges.

467. Der junge Flötenspieler. F. Hals p. Schwarzkunst.
fol.

A. Petrak.

468. 14 Bl. Der heil. Kreuzweg, v. Führich, mit Text im
Umschlag. fol. Im Rand zum Theil löcherig.

J. P. Pichler.

469. Weibl. Portrait (Comtesse Hoyos). Schwarzkunst, wie
die Folgenden. fol. Vor der Schrift.
470. Hofrath Birkenstock. fol. Ebenso.
471. Amor als Bogenschütze, nach A. Correggio. fol.

P. Pontius.

472. Elisabeth von Bourbon. P. P. Rubens p. fol. Später
Abdruck.

473. S. Rochus. **Idem** p. gr. fol. Alter Abdruck. Fleckig.

J. F. Porporati.

474. Abel's Tod. A. van der Werff p. gr. fol. Ganz grau.

V. D. Preisler.

475. Venetianerin, nach Tizian. Schwarkunst. fol.

R. Roghman.

476. 2 Bl. Der Wasserfall u. die bedeckte Brücke. B. 31. u. 32. Abgeschnitten.

J. H. Roos.

477. 12 Bl. Das Thierbuch. 4. B. 19—30. Späte Abdrücke.

G. F. Schmidt.

478. J. Parrocel. 8. J. 15. Mit Odieuvre.
479. L. H. Duc de Villars. 8. J. 18. Ebenso.
480. Jean Law. 8. J. 21. Ebenso.
481. Anna von Oesterreich. 8. J. 26. Ebenso.
482. Anna dela Vigne. 8. J. 31. Ebenso.
483. P. Mignard. gr. fol. J. 59. Guter Abdruck, aber der Stern ausgerieben und ohne Plattenrand.
484. J. H. Burckhard. 4. J. 63. Schöner Abdruck.
485. Christian August von Sachsen. gr. fol. J. 66.
486. F. B. Oertel. fol. J. 68. Bis zum Stichrand beschnitten und fleckig.
487. A. Pesne. fol. J. 69. Guter Abdruck, aber ohne Plattenrand.
488. F. de Goerne. fol. J. 70. Schöner Abdruck.
489. Louise, Gräfin von Grappendorff. gr. fol. J. 74. Schöner Abdruck.
490. De la Mettrie. fol. J. 76.
491. Graf v. Brühl. 4. J. 84.
492. 2 Bl. Die schöne Griechin. Der verliebte Türke. J. 95. 96. fol.
493. Esterhazy de Galantha. fol. J. 98. Schöner Abdruck. Gebräunt u. ohne Plattenrand.
494. Die Judenbraut. 4. Radirt. J. 128.
495. J. C. V. Möhsen. 4. J. 149.
496. Die Darstellung im Tempel. gr. fol. J. 172.

Erh. Schleyer.

497. Die Hütte am Hügel. Gegens. Copie nach Ruysdael. qu. fol.

V. Schertle.

498. Hermann Erzbischof von Freiburg. Lithographie nach
Heuss. gr. fol.

C. Schut.

499. Judith im Zelte des Holofernes. fol.

H. v. Swanevelt.

500. Venus auf der Jagd. qu. fol. B. 104. Alter Abdruck mit v. Hecke's Adresse.

M. v. Utenbroeck.

501. Bathseba im Bade. 8. B. 12.
502. Tobias. qu. 4. B. 14. Ausgebessert.
503. Diana und Calisto. 4. B. 31. Fleckig.
504. Der trunkene Silen. 4. B. 33.
505. 2 Bl. Die Frau im Bade u. die Hirten. 4. B. 38. 40.

L. de Vadder.

506. Der Hohlweg. qu. fol. B. 11.

Aen. Vico.

507. Die Geliebte des Zauberers Virgilius. qu. fol. B. 46.

G. Vidal.

508. 2 Bl. Le Triomphe de Minette. L'élève intéressante.
Mad. Gérard p. gr. fol.
509. Paris u. Helena. L. David p. gr. qu. fol.

B. Vogel.

510. Chr. A. Harsdoerffer. Schwarzkunst. fol.
511. S. Bartholomeus. J. Kupetzky p. Ebenso.

L. Vorsterman.

512. Der Satyr beim Bauer. J. Jordaens p. fol.
513. Lot mit seinen Töchtern in der Höhle. Gentileschi p. qu. fol. Mit einem Riss.

Böhmische Kunstvereinsblätter.

514. E. Neureuther: Aschenputtl. Radirt. roy. fol. Im
Rand rissig.
515. F. Hanfstängl: Das Tischgebet der Karthäuser.
A. v. Bayer p. Lithographie. gr. qu. fol. Chines.
Papier.
516. — — Der Gosasee. F. Gauermann p. Ebenso.
517. — — Die Hussitenschlacht v. Trenkwald. Galva-
nogr. gr. qu. fol.

518. F. Hohe: Tod des heil. Bruno. A. v. Bayer p. Lithogr. gr. fol.
519. — — Prag. Lithogr. nach Haushofer. gr. qu. fol. Farbendruck.
520. L. Schmidt: Uebertragung der Reliquien des heil. Adalbert. G. Ruben inv. fol.
521. G. Weinhold: Przemisl Ottokar bekehrt die Preussen. Lithographie. gr. qu. fol.
522. J. Wölffle: Die theure Zeche. R. S. Zimmermann p. Lithographie. gr. qu. fol.

Vereinsblätter Wiener Künstler.

523. F. Friedländer: Die Labung. fol. Originallithographie, wie die Folgenden.
524. M. Fritsch: Das Wiessbachhorn. qu. fol.
525. G. Jäger: Bauernhütte auf Südtirol. qu. fol.
526. C. Pischinger: Der treue Hund. fol.
527. — — Die Inspektion. fol.
528. A. Schaeffer: Baumgruppe bei Moran. qu. fol.
529. A. Schön: Zigeuner-Spelunke. qu. fol.
530. — — Märchenerzähler in der Wüste. qu. fol.
531. K. Schweninger: Im Walde. fol.
532. J. Sonnenleiter: Ein Sklavenhändler. Statuette von Mitterlechner. Kupferstich. fol.
533. C. Swoboda: Johanna von Castilien. Radirt. qu. fol.

534. 17 Bl. Aus Teniers' Theatrum oder Wiener Gallerie von Ossenbeck, Boel, Eynhouedt's u. Anderen.

535. 11 Bl. Diverse Radirungen und Schwarzkunstblätter.

Kupferstiche.

H. Aldegrever.

536. 4 Bl. aus der Geschichte von Adam u. Eva. 8. B. 1. 2. 3. 5. Matte Abdrücke. 1 Bl. ausgebessert.
537. 2 Bl. aus der Geschichte von Lot. 8. B. 16. 17.
538. Potiphar's Frau klagt Joseph an. 8. B. 20. Leidlicher Abdruck, die Ecken ausgebessert.
539. 2 Bl. aus der Geschichte von Ammon und Thamar. 8.

B. 26. 28. Gute Abdrücke, aber aufgezogen und scharf beschnitten.

540. Der Samariter bezahlt dem Wirth. qu. 8. B. 43. Ebenso.

541. Jason und Medea. 8. B. 65. Matt.

542. Kriegsgott Mars. 8. B. 76.

543. 2 Bl. Die Nächstenliebe, und die Sorgfalt. 8. B. 118. 123. Ziemlich gute Abdrücke. 1 Bl. aufgezogen.

544. Der Tod entführt einen Bischof. 8. B. 141. Guter Abdruck, aber ausgebessert.

545. 3 Bl. der grossen Hochzeitstänzer. 8. B. 164. 165. 168. 2 Bl. matt und etwas fleckig.

546. Das Liebespaar. Rund 12. B. 173.

547. Der Fahnenträger. 8. B. 177. Aufgezogen.

548. Der Geiger und Lautenspieler. 12. B. 144. Aufgezogen und colorirt.

549. Joh. van Leyden. fol. B. 182. Seltene gegenseitige Copie von Jan Müller im Druck mit F. de Wit's Adresse, wie das Folgende.

550. B. Knipperdolling. fol. B. 183.

560. 4 Bl. Verschiedene Darstellungen. 8. Matte Abdrücke.

A. Altdorfer.

561. Die heilige Jungfrau. 8. B. 12. Leidlicher Abdruck.

562. Zwei Satyrn schlagen sich um eine Nymphe. Copie nach Marc Anton. 8. B. 38. Ebenso aber scharf beschnitten und oben ausgebessert.

563. Triton und Nereide. 8. B. 39. Ebenso.

564. Der nachdenkende Mann. 12. B. 55. Ebenso.

565. 2 Bl. Abraham's Opfer, und die Verkündigung Mariä. Holzschnitte. 4. B. 41. 44. Spätere Abdrücke.

B. Beham.

566. Die Madonna mit dem Papagei. 8. B. 7. Matt.

H. S. Beham.

567. Der keusche Joseph. Indecentes Blatt. B. 14. Aufgezogen und beschädigt.

568. Die Hochzeit zu Cana. qu. 8. B. 23 Beschmutzt.

569. 2 Bl. Das Unglück und das Unmögliche. 8. B. 141. 145. Gute Abdrücke, aber fleckig, beschädigt u. aufgezogen.

570. Der Tod und die junge Frau. 8. B. 150. Aufgezogen.

571. Der verliebte Bauer. 8. B. 202. Späterer Abdruck,
572. Der Narr und die beiden Liebespaare. qu. 8. B. 212. Guter neuer Abdruck.
573. 4 Bl. Friese mit Männerkampf, Kinderbacchanal, und die Rhetorik, letzteres Blatt Copie. qu. 8. Aufgezogen und nicht gut gehalten.

J. Binck.
574. Luc. Gassel. 4. B. 93. Gegens. Copie.

H. Brosamer.
575. 2 Bl. aus der Bibel. Holzschnitte. 4. Aufgezogen.

L. Cranach.
576. Christus in ganzer Figur. Holzschnitt, wie die Folgenden. fol. Schuchardt 46. Aufgezogen und fleckig.
577. 2 Bl. Pilatus wäscht die Hände, aus der Passion, und Fabian von Auerswald. fol. Ersteres neuerer Abdruck, letzteres stark beschädigt.

A. Dürer.
a) Kupferstiche.
578. 7 Bl. aus der kleinen Passion. 8. Copien.
579. Maria und Anna. 8. B. 29. Matter Abdruck und scharf beschnitten.
580. Maria auf dem Halbmond mit der Sternenkrone. 8. B. 39. Guter Abdruck, aber fleckig.
581a. St. Christoph. 8. B. 52. Die untere Ecke restaurirt.
581b. St. Hieronymus in der Zelle. fol. B. 60. Guter Abdruck, aber fleckig und ausgebessert.
582. Der Raub der Amymone. fol. B. 71. Guter Abdruck.
583. Die Entführung. Geätzt. fol. B. 72. Alter Abdruck.
584. Die Melancholie. fol. B. 78. Sehr schöner Abdruck dieses Hauptblattes, mit drei Linien Rand. Früher in der Mitte gebrochen.
585. Der Traum. fol. B. 76. Guter Abdruck. Etwas verschnitten und ein schwarzer Rand umgezogen.
586. Das kleine Glück. 8. B. 78. Rissig und schmutzig.
587. Der kleine Curier. 8. B. 80. Guter Abdruck.
588. Die Versammlung von sechs Kriegsleuten. qu. 4. B. 88. Guter Abdruck, aber fleckig und rissig.
589. Der grosse Cardinal. 4. B. 103. Guter Abdruck.

b) Holzschnitte.

590. Der Engel erscheint Joachim. fol. B. 78.
591. Der Hohepriester verweigert Joachim's Opfer. fol. B. 77.
592. St. Joachim umarmt Anna unter der goldenen Pforte. fol. B. 79.
593. Die Geburt der heil. Jungfrau. fol. B. 80.
594. Die Darstellung der heil. Jungfrau. fol. B. 81.
595. Die Verlobung der heil. Jungfrau. fol. B. 82.
596. Die Verkündigung. fol. B. 83.
597. Der Besuch bei Elisabeth. fol. B. 84.
598. Die Geburt Christi. fol. B. 85.
599. Die Beschneidung. fol. B. 86.
600. Die Anbetung der Könige. fol. B. 87.
601. Die Darstellung im Tempel. fol. B. 88.
602. Die Flucht nach Egypten. fol. B. 89.
603. Ruhe auf der Flucht. fol. B. 90.
604. Der zwölfjährige Christus lehrend. fol. B. 91.
605. Jesus nimmt Abschied von der Mutter. fol. B. 92.
606. Die heil. Jungfrau von mehreren Heiligen verehrt. fol. B. 95.
   Vorstehende Blätter aus dem Leben der Maria sind von ganz vorzüglicher Schönheit und sogenannte Probe-drücke vor dem Text auf der Rückseite und mit dem Papierzeichen der hohen Krone.
607. St. Barbara. fol. B. app. 24. Mit dem Zeichen.
608. St. Catharina. fol. B. app. 25. Ohne Zeichen.

Luc. v. Leyden.
609. Der Sündenfall. 8. B. 8. Scharf beschnitten und Rand angesetzt.
610. 3 Bl. Die Dornenkrönung, der Tanz der heil. Magdalena und der Evangelist Lucas. qu. fol. 8. Erstere beide Copien und schlecht gehalten.

A. v. Ostade.
611. Der zärtliche Bauer. 4. B. 11. Späterer Abdruck.

G. Pencz.
612. 2 Bl. aus der Geschichte Joseph's. 8. B. 9. 11. Gute Abdrücke. Aufgezogen.
613. 2 Bl. aus der Geschichte des Tobias. qu. 8. B. 16. 17. 1 Bl. in gutem Abdrucke, das andere etwas beschädigt.
614. Tarquin und Lucretia. qu. 8. B. 78. Aufgezogen.

Rembrandt.

615. Christus und die Samariterin. B. 71. Alter Abdruck, wie die Folgenden. Etwas fleckig.
616. Janus Silvius. 4. B. 266. Grau.
617. Wtenbogaerd. Achteck. 4. B. 279. Aelterer Abdruck.

H. v. Swanevelt.

618. 5 Bl. Landschaften zum Theil mit Staffage. qu. fol. Späte Abdrücke.

Meister A T.
B. VIII. p. 537.

619. 2 Bl. aus der Geschichte der Susanna. Copien nach H. Aldegrever. 8. Fehlen Bartsch. Neue Abdrücke.

Kunstvereinsblätter.

Nach den Malern geordnet.

L. Blanc.

620. Die Kirchengängerin. A. Hoffmann sc. Düsseldorfer Kunstverein. fol.

H. Brandes.

621. Gegend bei Marino im Albaner-Gebirge. G. Busse sc. Hannoversch. Kunstverein. qu. fol.

G. Busse.

622. Gegend der nördlichen Grenze Tirols. Hannoverscher Kunstverein. qu. fol.

E. Deger.

623. Maria verehrt das Kind. J. Caspar sc. Düsseldorfer Kunstverein. fol.

A. Draeger.

624. Die Lautenspielerin. J. Felsing sc. Leipziger Kunstverein. fol. Chines. Papier.

P. Fendi.

625. Das Dachstübchen. Th. Benedetti sc. Wiener Kunstverein. qu. fol.

A. Gail.

626. Der Löwenhof in der Alhambra. Münchener Kunstverein. gr. fol. Chines. Papier.

J. Grünenwald.

627. Der Wirthin Töchterlein, nach Uhland. J. Ernst sc. Mezzotinto. Düsseldorf. Kunstverein. gr. qu. fol. Im Unterrand zwei Löcher.

E. Hasse.

628. Bauerngehöft mit allerlei Thieren. Holzschnitt von H. Bürkner. Sächsischer Kunstverein. qu. fol. Tondruck.

M. Hauschild.

629. Innere Ansicht des Seitenganges im Dom zu Erfurt. C. Hammer sc. Sächs. Kunstv. fol.

Th. Hildebrandt.

630. Tancred und Clorinde. F. Oldermann sc. Mezzotinto. Halberstädter Kunstverein. Vor der Schrift und auf Chines. Papier.
631. Betende Chorknaben. Lithogr. von J. Becker. Düsseldorfer Kunstverein. fol.

J. Hübner.

632. Roland befreit die Prinzessin Isabella. J. Keller sc. Düsseldorfer Kunstv. gr. qu. fol.

A. Huxoll.

633. Barde vor der Königsfamilie. Ch. Schuler sc. Rheinischer Kunstv. gr. qu. fol.

W. Kaulbach.

634. Egmont und Clärchen. H. Merz sc. Münchener Kunstv. fol.

D. W. Lindau.

635. Marinari am Meerestrande bei Neapel. M. E. Kluge sc. Sächs. Kunstv. qu. fol.
636. Der Tabuletkrämer. Lithogr. von F. Hanfstängl. Sächs. Kunstv. gr. fol. Chines. Papier. Im Rand rissig.

L. Pollack.

637. Ruhende kleine Schäferin mit Schaaf. Lithogr. v. W. Straucher. Würzburg. Kunstv. gr. qu. fol. Chines. Papier. Im Rand ein Riss.

J. G. Pulian.

638. Schloss Limburg an der Lahn. C. Peschel sc. Sächs. Kunstv. fol.

L. Richter.

639. Sommerlust. Lithogr. von C. Hahn. Sächs. Kunstv.
gr. qu. fol. Tondruck auf Chines. Papier.

L. Robert.

640. Die Italienerin auf den Trümmern ihres Hauses.
Z. Prévost sc. Mezzotinto. Baden'scher Kunstv.
qu. roy. fol.

C. Scheuren.

641. Die Vätergruft, nach Uhland. Lithogr. v. G. Oster-
wald. Hannov. Kunstv. qu. fol. Tondruck.

O. Wagner.

642. Ansicht von Dresden. C. Hammer sc. Sächs. Kunstv.
qu. fol.

Th. Weller.

643. Eine Bäuerin aus Branneberg bei ihrem schlafenden
Kinde. Lithogr. v. Fr. Hanfstängl. Sächs. Kunstv.
gr. fol. Chines. Papier. Im Rand ein Riss unterlegt.

P. Wickenberg.

644. Das lesende Mütterchen. L. Sichling sc. Leipziger
Kunstv. fol. Vor der Schrift und auf Chines.
Papier.

F. Winterhalter.

645. Ein Knabe mit Blumen bei zwei Albanerinnen. Lithogr.
von L. Noël. Baden'scher Kunstv. gr. fol. Chines.
Papier.

Kupferstiche etc.

N. Beatrizet.

646. Commodus im Belvedere. fol. Aus Lafrery's Verlag,
wie das Folgende.

647. Die Tiber. qu. fol. B. 96.

H. S. Beham.

648. Mars. 8. Gute Copie von Th. de Bry. Restaurirt.

Ann. Carracci.

649. Jupiter und Juno, aus der Farnesina. C. Cesio sc. 4.

J. Gregori.

650. Flora, nach der Antike. Radirt. fol.

J. H. Lips.

651. 3 Bl. Mythologische Figuren. 12.

J. Matham.

652. Venus u. Amor, nach H. Goltzius. fol. Fleckig.

R. Morghen.

653. Ferdinandus IV. von Sicilien. Brustbild in Medaillon. qu. 8.

F. Perrier.

654. 5 Bl. Statuen nach der Antike und der heil. Antonius. fol.

G. F. Schmidt.

655. Madonna mit dem Kind und Johannes. A. v. Dyck p. fol. B. 176. Schöner Abdruck.

---

656. Sitzender Satyr. Unbekannte Handzeichnung. Feder u. Tusche. 4.

Radirungen.

J. A. Klein.

657. Sächs. Fuhrwerk. qu. fol. Jahn 163. Graues Papier und Weiss gehöht.

658. Ungarische Büffel und Schaafe. qu. fol. J. 164. Sehr seltener Aetzdruck, wie die Folgenden.

659. Der Esel bei der Distel. qu. 4. J. 176. Ebenso.

660. Die Kuh mit dem saugenden Kalb. qu. fol. Ebenso.

661. Das Ungarweib in der Thür. 4. J. 200. Ebenso.

662. Sennerin von der Königsalpe. 4. J. 227. Ebenso.

663. Die Kalesche. qu. fol. J. 236. Ebenso.

664. Die Kuhtränke. qu. fol. J. 291. Ebenso.

665. Der entsprungene Stier. qu. fol. J. 292. Ebenso.

666. Der sitzende Treiber bei Esel und Maulthier. qu. fol. J. 296. Ebenso.

667. Wallachisches Fuhrwerk. qu. fol. J. 309. Ebenso und auf Chines. Papier.

J. Amman.

668. Adam Khal. fol. Andresen 7.*)

---

*) Siehe A. Andresen, der deutsche Peintre-Graveur. 1. Band. Leipzig 1864.

669. Das Wappen der Gugel. 8. A. 223.

670. Das Wappen der Holzschuher, mit reicher Umgebung. gr. 4. A. 226. Alte Abdrücke.

J. W. Becker.

671. Landschaft mit Ruine und Figuren an einem Fluss. Schinnagel p. qu. 4.

P. Bemmel.

672. 6 Bl. Die bergigen und waldigen Landschaften. Alte Abdrücke mit Ostertag's Adresse. qu. 4.

J. Boehme.

673. Bergige Landschaft mit Schafheerde, nach F. Kobell. qu. 4.

A. P. Brennhäuser.

674. Nicht alle Mönche erfinden Pulver. 8. Chines. Papier.

J. v. d. Bruggen.

675. Bildniss des A. van Dyck. Kniestück. Se ipse p. Schwarzkunst. fol. Aufgezogen.

A. Dallinger v. Dalling.

676. 2 Bl. Die beiden Kuhköpfe. 4.

D. Deuringer.

677. 10 Bl. meist Schweizerlandschaften aus zwei Folgen. qu. 8. qu. fol.

N. Diemar.

678. Der trunkene Lot von seinen Söhnen verspottet. qu. 8.

J. Dierksen.

679. Grosse Ansicht von Kopenhagen mit seinen Werften 1611. J. v. Wiek p. 2 Bl. qu. roy. fol. Selten. Gebräunt und links eingerissen.

J. C. Dietzsch.

680. Ant. Correggio. Brustbild nach ihm selbst. 8.

681. 16 Bl. Köpfe und Landschaften mit Staffage. 2 Bl. doppelt. qu. 4. 8. qu. 8. Gemischte Abdrücke vor und mit der Nummer.

J. G. Dillis.

682. 2 Bl. Die Baumstudien aus dem englischen Garten bei München. qu. fol. Seltene Aetzdrücke.

683. 2 Bl. Altes Mütterchen mit Brille und kleine Landschaft mit Bauernhaus. 12. qu. 12.

F. W. Doppelmayr (Bürgermeister zu Nördlingen).

684. Felspartie mit Najade. 4. Vor der Widmung.

J. Dorner.

685. Bauernhütten bei dem Wasserfall. qu. fol.

G. Edwards (englischer Dilettant).

686. Stachelfisch und Heuschrecken. 1748. fol.

M. Ellenrieder.

687. 3 Bl. Köpfe von zwei Aposteln und eines jungen Mannes, erstere nach R. Langer. 4.

Th. Ender.

688. 6 Bl. Die Ansichten vom Schneeberg. qu. fol.

Pater K. Fellner.

689. Esther am Thron des Ahasver. M. J. Schmidt inv. fol. Eingetuscht.

J. Fischer.

690. 20 Bl. Figurenstudien und Landschaften. 4. qu. 8. 12.

J. Fleischmann.

691. Köpfe zweier Kühe und eines Kalbes. qu. 4.

C. Fues.

692. Lustige Gesellschaft beim Wein. qu. 8.

693. Satyre auf die Theuerung u. den Kornwucher in Nürnberg 1817. qu. fol.

J. Gawet.

694. 30 Bl. Landschaften, einige doppelt, zum Theil nach Molitor. qu. fol. qu. 4. qu. 8.

J. Gauermann.

695. Abraham auf Moria. qu. fol.

696. 2 Bl. Gang zur Kirche, und Heimkehr von derselben. qu. fol.

697. 2 Bl. Gebirgige Landschaften mit Heerden. fol.

698. 2 Bl. Heroische Landschaften mit Staffage. qu. fol.

699. 4 Bl. Kleine heroische Landschaften. qu. 8.

S. Gessner.

700. 10 Bl. Landschaften mit Figuren aus verschiedenen Folgen. qu. fol. qu. 8. Alte Abdrücke.

F. C. Geysser jun.

701. 7 Bl. Landschaften nach Berghem, Klengel u. A. Radirt und Aquatinta. qu. fol. qu. 4.

F. X. A. Ginter.

702. Der todte Heiland mit Maria am Fuss des Kreuzes. 4. Selten.

J. G. Glume.

703. 21 Bl. Bildnisse und Köpfe, wobei der Meister selbst, sein Bruder und General von Rothenburg. 4. 8.

C. Görgel (Architect).

704. Postillon mit Pferd nach Heideck. qu. 8.

Ch. Grabau.

705. Stehendes Schaaf in einer Landschaft. qu. 4.

E. Grieben.

706. Polnische Baracken. qu. fol.

C. Haller v. Hallerstein.

707. Mr. Garnerin als Luftschiffer, nebst Gemahlin. qu. 4.
708. Fürst Ant. H. Radzivil, poln. Statthalter, Componist. Brustbild. Oval. Radirt und Aquatinta. 4.
709. v. Lewetzow, dänischer Chargé d'affaires in Hamburg. Ebenso. 8.
710. 2 Bl. Die Ansichten bei Waldshut. 4.

P. Haubenstricker.

711. Brustbild eines Orientalen. 1775. 8. Selten.

Ch. von Heinecken.

712. 2 Bl. Angelnde und Vögel fangende Genien, und musicirendes Schäferpaar, nach C. W. E. Dietrich. qu. 8.

G. H. Hergenröder.

713. Landschaft mit Kirche und Karren. qu. 4.

P. Hess.

714. Die Maler auf der Alp. qu. 4. Erster Abdruck, vor dem Zeichen.
715. Zwei Pferde bei dem Weidenbaum. qu. 8.

S. Habenschaden.

716. 3 Bl. Kühe, Schaafe und Ziegen, auf einem Bogen. qu. 4. qu. 8.

P. F. Hetsch.

717. Die Findung Mosis, nach eigenem Gemälde. fol.

J. J. Hörmann.

718. 4 Bl. Hirsche und Hirschkühe in Landschaften. 4.

J. Holzer.

719. 2 Bl. Die Anbetung der Hirten und Weisen, in Rembrandt's Manier. 8.

J. D. Huber (von Genf).

720. 2 Bl. Reitknecht mit zwei Pferden, und Landschaft mit Heerde, ersteres auf blauem Papier und Weiss gehöht. qu. fol.

J. C. Huber (von Zürich).

721. 2 Bl. Landschaften mit Bauernhütten. 1788. Erste Versuche. qu. 8.

F. Kirschner.

722. Bildniss des Pfarrers Krämer, mit Attributen des Säufers und Kartenspielers. 4. Selten.

J. C. Klengel.

723. 12 Bl. Figürliche Darstellungen und Landschaften mit Staffage. qu. 4. 8. qu. 8.

Franz Kobell.

724. Gebirgige Landschaft mit antiken Ruinen. qu. 4. Selten.

Ferd. Kobell.

725. 30 Bl. Landschaften und Figürliches aus dem Werk des Meisters in verschiedenem kleineren Format. Gemischte Abdrücke.

F. N. König.

726. 20 Bl. Köpfe, Schweizerscenen, Landschaften und Stillleben, zum Theil doppelt. 4. 8. qu. 8. 12.

J. G. Kraer.

727. Die liegende Kuh. qu. 8. Selten.

C. Kunz.

728. Landschaft mit Kühen und Schaafen. A. v. d. Velde p. qu. fol.

C. C. Leichsenring.

729. Der Gelehrte in der Studirstube. Th. Wyck p. fol.

J. F. Leonart.

730. Abr. Grass, Bildhauer. 8. Andresen 28.*)
731. Barb. Schedel, nach Albr. Dürer. 4. A. 98.

---

*) Vergl. Joh. Fr. Leonhard von Dr. A. Andresen, im Archiv f. die zeichn. Künste, von Dr. R. Naumann. 1862.

732. 3 Bl. P. u. W. Harsdörfer u. A. Imhof. 8. A. 47. 48. 56.

J. Lutma.

733. Der Vater des Meisters. Büste. Gepunzt. fol.

A. Maulbertsch.

734. Das Bild der Duldung. gr. qu. fol.

J. Mechau.

735. 2 Bl. Der Tod der Lucretia, und das Bacchanal nach J. Carpioni. qu. fol.

M. Meier.

736. Die Schindung des Marsyas. qu. fol Passav. 5.

C. Merian.

737. Pfalzgräfin Eleonore Magdalena, Brustbild in einem Emblemenkranz. J. G. Creutzfelder p. fol.

J. D. Meyer.

738. Der Meister selbst, als Thierskeletten-Maler. M. Tuscher del. fol.

J. Mössmer.

739. 2 Bl. Landschaften mit Kühen. M. Molitor del. qu. 8.

Marquis de Montmirail (Dilettant).

740. Landschaft mit Hirsch und Hirschkuh vorne. 1728. qu. fol. Selten.

J. B. Nothnagel.

741. 6 Bl. Köpfe und Bildnisse, dabei Jud. Beer und J. C. Senckenberg. 4. 8.

W. Perrier.

742. Heilige Familie mit drei Engeln. fol. Rob.-Dum. 3.

K. Ponheimer.

743. 6 Bl. Die kleinen Landschaften mit der Betsäule auf dem ersten Blatt. qu. 8.

F. Rechberger.

744. 3 Bl. Gebirgige Landschaften mit Hütten. Radirt u. Aquatinta. qu. fol. qu. 4.

J. Rist.

745. Landschaft mit Wassermühle. Erster Versuch. qu. 4.

L. H. Roos (Däne).

746. Friherre L. A. Mannerheim, Amtmann. Brustb. 1823. 8.

C. v. Schachmann (Dilettant).

747. 2 Bl. Der mit sich zufriedene Alte, und der Kuckuck-Stein. 8. qu. 8.

J. Schmutzer.

748. Bildniss des Bildhauers R. Donner. Radirt. 4.

J. H. Schönfeld.

749. Der Philosoph in Betrachtung der Nichtigkeit des Ir-dischen. 4. Stockfleckig.

C. G. Schütz.

750. 2 Bl. Die Rheinlandschaften in Saftleven's Geschmack. 1783. qu. fol.

C. E. Sonne.

751. 6 Bl. Skizzen zu Gemälden für das königl. Residenz-schloss in Kopenhagen, nach J. L. Lund, D. C. Blunck u. A. fol.

J. Steinmüller.

752. Christus u. der Versucher. Titian p. Gestochen. fol.

Baron Steph. v. Stengel.

753. 6 Bl. Die Ansichten aus Heidelberg u. Oberbayern. fol. qu. fol.
754. 6 Bl. Dieselben.
755. 4 Bl. Die Umgebungen von Heidelberg. 4. qu. 4.

L. Strauch.

756. P. Coler. 4. Andresen (der deutsche Peintre-Gra-veur) 2.
757. Dasselbe.
758. Andr. Imhof. gr. 4. A. 6. III. Abdruck. Selten. An den Ecken etwas beschädigt.
759. Hier. Kress. 8. A. 8.
760. Die Ansicht von Stein bei Nürnberg. qu. 8. A. 21.

G. Strauch.

761. Der Meister selbst. Brustbild. 4.
762. Paul Juvenel, Maler. Brustbild mit Palette, nach L. Strauch. 4.
763. Peter Schleich. Goldschmidt. Brustbild. 4. Selten.
764. Joh. B. Fürleger. Brustbild. 4.

Steph. Strauch.

765. Der Meister selbst. Brustbild. 4. Selten.

W. Stuber.

766. M. Luther als heil. Hieronymus. Imitation nach A. Dürer. 4. B. 2.

J. C. v. Thill.

767. Christ. Tucher. Halbfigur. fol.

G. Ph. Zwinger.

768. 2 Bl. Sappho am Meeresgestade, Kreidestich und lithographirte Neujahrskarte für 1812. fol. 8.

M. Zündt.

769. Gefangennehmung des H. Paumgärtner. qu. fol. Andresen 37.

770. Dasselbe. Etwas fleckig.

771. Das Wappen der Pfinzing. 8. A. 11.

Convolut.

772. 192 Bl. Meist Radirungen figürlichen und landschaftlichen Inhalts von älteren und neueren Meistern. In verschiedenem Format.

Kupferstiche.

J. Adam.

773. Ludovika, Erzherzogin von Oesterreich. Halbfigur in Oval, nach L. Bosch. 8.

C. Agricola.

774. Joseph deutet die Träume. R. Mengs del. qu. 8.

775. Christus schläft während des Seesturms. A. Elzheimer p. qu. 8.

776. Der todte Heiland von einem Engel verehrt. H. Carracci p. 4.

777. Die Grablegung Christi, nach Raphael's Capitalzeichnung im Cab. Fries zu Wien, jetzt im Louvre. qu. fol.

778. Der Heiland am Kreuz als Sieger über die Hölle. H. Füger del. 4. Blaues Papier.

779. Amor und Psyche, nach eigenem Gemälde. 1838. qu. fol.

780. Kallistho. D. Dominichino p. qu. fol. Stockfleckig

781. Diana u. Endymion. F. Albani p. qu. fol.

782. Begräbniss eines Genius. N. Poussin p. qu. fol. Andresen N. 420.*) Vor der Schrift. Oben und unten ohne Plattenrand.
783. Homer unter seinen Zuhörern. H. Füger del. qu. 4.
784. Vier Köpfe und ein schlafender Knabe. qu. 8.
785. Fr. Aug. Brand, Maler. Brustbild. Ph. C. Schallhas del. Oval. fol.
786. Oberjäger Hundskarrer. Brustbild. Oval. fol.

J. Aliamet.

787. Seconde Vue de Marseille. J. Vernet p. qu. fol. Im Rande ausgebessert.
788. Les Amusements de l'Hiver. A. v. d. Velde p. qu. fol. Ebenso.

J. Alram.

789. Susanna von den beiden Alten überfallen. J. B. v. Lampi p. gr. fol. Vor der Schrift.

M. Aubert.

790. 2 Bl. Mars desarmé par Venus, und Mars et Vénus liés par l'Amour. P. Veronese p. Gall. Orleans. fol.

R. v. Auden-Aerd.

791. Die Abnehmung Christi vom Kreuz. D. da Volterra p. Radirt. fol.
792. Eliezar und Rebecca. C. Marratti del. fol.

P. de Baillu.

793. St. Anastasius. Rembrandt inv. fol. Späterer Abdruck.
794. Honor. Urfei, Halbfigur. A. v. Dyck p. fol. Die Adresse ausgelöscht.

J. Balzer.

795. 9 Bl. Landschaften mit Staffage, meist nach N. Grund. fol. qu. fol. qu. 4.

J. Baron.

796. Die betende heilige Jungfrau. Halbfigur. G. Reni p. 4. Späterer Abdruck.
797. Judith zeigt den Israeliten das Haupt des Holofernes. D. Dominichino p. Rund fol. Ebenso.

*) Vergl. Nic. Poussin, Verzeichniss der nach ihm gefertigten Kupferstiche, beschrieben von Dr. Andresen. Leipzig 1863.

F. Bartolozzi.

798. Leonore. Mädchen mit Vogelkäfig. A. Kauffmann inv. Punktirt. 8.

799. 4 Bl. Cherubs, Antonius und Cleopatra, ein römisches Opfer und Allegorie. W. Peters, A. Tresham und G. B. Cipriani inv. fol. qu. fol. 1 Bl. in Zeichnungsmanier, eins vor der Schrift.

A. Bartsch.

800. Ruhe auf der Flucht nach Egypten. G. v. Eeckhout inv. qu. fol.

801. Kreuzigung des h. Andreas. W. Courtois inv. fol. Chines. Papier.

802. Halbfigur eines Mannes. F. Livens del. 4.

803. Dasselbe auf Tonpapier.

804. Ferd. Bol, Maler. Se ipse del. 4. Tonpapier.

805. J. de Backer, Maler. Se ipse del. 4. Ebenso.

806. G. Terburg, Maler. Se ipse del. 4.

807. Dasselbe auf Tonpapier.

808. Landschaftsstudie. C. Brand del. Schmal qu. fol.

809. 6 Bl. Verschiedene Thiere in Landschaften, nach P. Potter, A. v. d. Velde u. A., die Landschaften v. M. Molitor. qu. fol. Vorzügliche Abdrücke, vor der Schrift und auf Chines. Papier.

810. 15 Bl. Thiere in Landschaften, nach H. Roos. fol, qu. fol. qu. 8. Einige doppelt und auf Tonpapier.

811. 42 Bl. Heilige und andere figürliche Darstellungen. nach verschiedenen Meistern, meist in Handzeichnungsmanier. Zum Theil auf Ton- und Chines. Papier. In verschiedenem Format.

J. Ph. le Bas.

812. Le Remouleur. D. Teniers p. fol. Stockfleckig.

813. L'Arc-en-Ciel. Seconde Vue de Flandres. Idem p. qu. fol.

814. 2 Bl. Petite Vue de Flandres, und Vue de Flandre. Idem p. qu. fol.

815. 2 Bl. Récréation des Moissoneurs, und Vue des Environs de Bruges. T. Michau p. qu. fol. 1 Bl. fleckig.

816. Landschaft mit Kühen und Schaafen, gen. der junge Stier. P. Potter p. qu. fol.

817. 3 Bl. Landschaften mit Landleuten und Badenden. N. Berghem und B. Breemberg p. qu. 4.

F. Basan.

818. La Jardinière. F. Mieris p. fol.
819. L'Amour asiatique. Ch. Eisen inv. fol. Knitterig.
820. Le Mouflon, aus der königl. Menagerie. J. B. Oudry p. qu. fol. Ohne Plattenrand.

J. F. Bause.*)

821. Friedrich August, Kurfürst von Sachsen. A. Graff p. fol. Keil 135. Aufgezogen und ohne Plattenrand.
822. Joh. Fr. von Domhardt. Becker p. fol. K. 150.
823. J. A. Ernesti. A. Graff p. fol. K. 162. Ohne Plattenrand.
824. S. F. N. Morus. Idem p. fol. K. 168. Ebenso.
825. Dasselbe. Ebenso und die Ecken fleckig.
826. C. Ch. Gärtner. 8. K. 187.
827. Ch. H. Koch. A. Graff p. fol. K. 189. Ohne Plattenrand.
828. J. P. Uz. May p. fol. K. 198. In einem Keil unbekannten späteren Abdruck mit gelöschter Adresse und Jahreszahl.
829. Dasselbe. Ebenso, ohne Plattenrand.
830. Ch. L. v. Hagedorn. A. Graff p. fol. K. 202.
831. J. G. Böhme. Idem p. fol. K. 207. Ohne Plattenrand.
832. C. Wouter Visscher. Schmidt p. fol. K. 214.

P. F. Beaumont.

833. Port de Mer. J. Breughel p. qu. fol.
834. Defilée de Cavalerie. P. Wouverman p. qu. fol.
835. Alte de Cavalerie. Idem p. qu. fol.
836. Reste d'Armée décampée. Idem p. qu. fol.
837. Le Marechal en Exercice. Idem p. qu. fol.
838. Retard de Chasse. Idem p. qu. fol.
839. Le Voyageur alteré. Idem p. fol.

N. D. de Bauvais.

840. St. Hieronymus in der Einöde. A. v. Dyck p. Gall. Dresden. qu. fol. Ohne Plattenrand.

J. F. Beauvarlet.

841. Lot mit seinen Töchtern. L. Giordano p. Dresdener Gall. qu. fol.

---

*) Vergl. Catalog des Kupferstichwerkes von J. F. Bause, von Dr. G. Keil. Leipzig 1849.

P. Beckenkam.

842. Die Flucht nach Egypten. C. W. E. Dietrich p. Aquatinta. gr. qu. fol. Vor der Schrift.

St. della Bella.

843. 20 Bl. Landschaften mit Figuren und Hafenansichten. qu. 8. 12. Originale und Copien.

Th. Benedetti.

844. Maria mit dem Kinde, St. Johannes, Joseph und Zacharias. Titian p. Oesterreich. Kunstv.-Bl. fol.

845. Jos. Dobrowsky. Kniestück im Mantel. Kadlik p. fol.

M. Benedetti.

846. Stephan, Edler von Wohlleben, Bürgermeister zu Wien. J. B. v. Lampi p. Oval. Punktirt. fol.

Benoist u. Dissard.

847. La Folie l'égare, Histoire de l'Amour. Mallet p. Punktirt. qu. fol.

D. Berger.

848. Friedr. Ant. v. Heinitz, Staatsminister. Brustbild in Medaillon. 4.

J. M. Bernigeroth.

849. 2 Bl. Johanna Elis. Hohmann, Baronesse v. Hohenthal, und deren Gemahl. Kniestücke. La Fontaine u. A. de Manyocki p. fol.

850. Friedrich August, Prinz von Polen. Kniestück in Rüstung. fol.

851. 4 Bl. Portraits von sächs. Gelehrten. fol.

852. Alexi Graf v. Bestuschef-Riumin, russ. Kanzler. G. C. de Prenner. p. fol.

L. Beyer.

853. Jesus und Maria in Bethlehem Herberge suchend. F. Führich p. qu. fol. Böhmisches Kunstvereinsblatt. Der Rand rissig und mit einem Tintenfleck.

A. Biasioli.

854. Scene aus Rossini's Oper: König Cyrus in Babylon. A. Sanquirico inv. Aquatinta. qu. fol.

A. Bissel.

855. Bern. de Ricke, Maler. Ganze Figur, die Laute spielend. Se ipse p. Radirt. 4.

C. Bloemaert.

856. Die heilige Familie mit dem kleinen Johannes. G. Romano p. Gall. Giustiniani. fol. Späterer Abdruck.
857. Diana, im Walde schlafend. P. da Cortona p. Gerundet. qu. fol. Fleckig.

J. Blondeau.

858. Martyrium des heil. Sebastian. P. da Cortona p. fol. Eine Ecke angesetzt.

G. Bodenehr.

859. Carl Phil. Theodor Churfürst von der Pfalz. Kniestück. F. A. Besold p. Schwarzkunst. fol.

C. F. Boetius.

860. Die Herberge oder Inneres eines Hofes mit Maulthieren und Figuren. H. v. Lint p. Gall. Hagedorn. fol.

A. Bogner.

861. Ecce homo. Mezzotinto. fol.
862. Kopf eines Hundes. Radirt. qu. 4.

B. à Bolswert.

863. Die Anbetung der Hirten. A. Bloemaert p. gr. fol. Ohne Plattenrand.

S. à Bolswert.

864. Die Aufrichtung des Kreuzes. A. v. Dyck p. fol. Späterer Abdruck.
865. Seb. Vrancx. A. v. Dyck p. fol. Mit gelöschter Adresse G. H.

P. F. Boquet.

866. 2 Bl. Annonce d'un heureux Retour, und Rentrée du Militaire dans sa Famille. Taunay p. Aquatinta. qu. fol.

M. Borrekens.

867. Henr. Langenbeck, westphälischer Friedensgesandter. Brustbild. A. v. Hulle p. fol.

J. Callot.

868. Carrière ou Rue neuve de Nancy. Schmal qu. fol. Aufgezogen und unrein von Druck. Vergl. Meaume.
869. 2 Bl. Ansichten des Louvre, und Pont neuf in Paris. Schmal qu. fol.
870. 41 Bl. Historisches, Figürliches und Landschaften, zum Theil Copien. In verschiedenem kleineren Format.

J. Camerata.

871. Brustbild einer alten Frau. P. Rotari p. 8.

872. Maria Theresia, Kaiserin von Oesterreich. Ganze Figur auf dem Thron. M. de Meytens p. gr. fol. Neuer Abdruck.

M. Cavalli.

873. 2 Bl. Das Gesicht, und Gehör. D. Magiotto p. qu. fol.

A. Charbonnée.

874. Les Chanteurs. D. Teniers p. qu. fol.

F. Chereau.

875. N. de Largillière, Maler. Halbfigur in einem Fenster. Se ipse p. fol. Gebräunt und fleckig.

876. J. Soanen, Bischof von Senez, in einem Sessel sitzend. J. Raoux p. fol. Neuer Abdruck.

D. Chodowiecki.

877. Viehstück in H. Roos' Manier. C. W. E. Dietrich p. qu. 4. Engelmann 26.

878. Die Zelte im Berliner Thiergarten. qu. fol. E. 83. Ohne Plattenrand und mit einem Tintenfleck.

879. 17 Bl. Bücher- und Kalenderkupfer. 8. Aus den Büchern.

C. Conti.

880. Angenehme Unterhaltung der Holländer im Winter. F. de P. Ferg p. qu. fol.

C. Cort.

881. 5 Bl. Heilige Darstellungen und Allegorie auf die Künste, nach Titian, Raphael u. A. Aufgezogen u. beschädigt.

J. Couché.

882. 2 Bl. Je saurai mon Etrille, u. Le Retour au Gite. Morete p. qu. fol. Roth gedruckt.

A. Ph. Coulet.

883. 3 Bl. La belle Aprèsdinée, les pêcheurs napolitains, und les pêcheurs florentins. J. Vernet p. fol. qu. fol. Eines im Unterrand fleckig, eins brüchig.

R. Daudet.

884. Le Soleil couchant. J. Vernet p. Mus. Napoleon. qu. fol.

885. La Porte de la Chaumière. J. v. Ostade p. 4. Chines. Papier.

886. 2 Bl. Bauern zu Tisch, und Heerden am Wasser. C. Dusart u. N. Berghem p. Cab. le Brun. 4. qu. 4.

J. Daullé.

887. Les Pêcheurs à l'Ouvrage. J. Vernet p. qu. fol.
888. 2 Bl. Rome ancienne und moderne. L'Allemand p. qu. fol. Gebräunt.
889. Le Turc qui regarde pêcher. J. Vernet p. qu. fol.
890. Vue des Environs de Dresde. C. W. E. Dietrich p. qu. fol. Fleckig und Risse unterlegt.
891. Die junge Hirtin. — Die Schauspielerin Favard. — C. Vanloo p. fol.
892. Chasse à l'Oiseau. J. Miel p. qu. fol.

N. Dauphin.

893. Die büssende heil. Magdalena. B. Lutti p. fol. Cab. Crozat.

M. Deny.

894. Le Retour du Marché. D. v. Dalens p. qu. fol. Ohne Plattenrand und eine Ecke abgerissen.

F. Dequevauviller.

895. 2 Bl. Chemin de Cassel en Flandre, und vieux Château près d'Ypers. Michaut und Breughel p. qu. fol.

L. Desplaces.

896. 2 Bl. Das Opfer Abraham's. C. le Brun p fol.
897. 2 Bl. Zur Geschichte des Aeneas. A. Coypel p. fol. Eins ohne Plattenrand.

P. v. der Doort.

998. 2 Bl. Symbolische Darstellungen auf die Weisheit. H. Khunrath (Arzt zu Leipzig) inv. qu. fol. Selten.

N. Dorigny.

899. Die Anbetung der Weisen. C. Maratti p. gr. fol.

Cl. Duflos.

900. Die Grablegung Christi. Raphael p. Gall. Orleans. qu. fol.

N. Dufour.

901. IV. Vue sur la Meuse. F. Weirotter p. qu. fol.

P. A. Duncker.

902. 2 Bl. Vue d'une Partie du Couvent de St. Cosimato u. Vue de la Grotte des Chêvres. P. P. Hackert p. qu. fol. Von G. Eichler beendet.

N. Dupuis.

903. Aeneas rettet Anchises. C. Vanloo p. fol.

F. D. Durmer.

904. 2 Bl. Paysannes de Berne und de la Forêt-noire. Oelenheinz p. Punktirt, wie die Folgenden. Oval 4.

905. 3 Bl. Pallas von Turnus getödtet; Rückkehr des Arminius nach der Schlacht im Teutoburger Walde, und Hero und Leander. M. A. Kaufmann p. qu. fol. Eins ohne Plattenrand.

C. Duttenhofer.

906. Gebirgslandschaft mit Venus und Adonis. A. Carracci p. gr. qu. fol. Vorzüglicher Abdruck vor aller Schrift.

R. Earlom.

907. Landschaft mit zwei Wanderern. Cl. Lorrain del. qu. 8. In Handzeichnungsmanier.

G. Edelinck.

908. P. V. Bertin, Schatzkämmerer, mit den Figuren der Malerei und Sculptur. N. de Largillière p. fol. Rob.-Dum. 149.

909. 3 Bl. J. de Benserade, G. du Vair u. S. Lenain. fol. Spätere Abdrücke.

J. Eissner.

910. Das Urtheil des Paris. H. Füger del. qu. fol. Chines. Papier.

B. Farjat.

911. St. Franciscus. G. Reni p. fol. Fleckig.

Pater K. Fellner.

912. Die Beschneidung. C. W. E. Dietrich p. qu. fol.

G. u. M. Fennitzer.

913. 13 Bl. Bildnisse. Aus früher Zeit der Schabkunst. 4. 8.

F. Fleischmann.

914. Joh. Lor. v. Schätzler, bayer. Finanzrath. Halbfigur. L. Deurer p. Punktirt. fol. Stockfleckig.

J. Flipart.

915. 2 Bl. La vertueuse Athenienne, la jeune Corinthienne. J. Vien p. fol. Eins fleckig.

R. Gaillard.

916. La belle Fileuse. J. E. Schenau p. fol. Ohne Plattenrand und gebräunt.

Th. Galle.

917. 51 Bl. Paradisus Sponsi et Sponsae. Symbolisch-christliche Darstellungen. 8.

P. Gleditsch.

918. Die Taufe Christi im Jordan. G. Reni p. gr. fol. Der Rand brüchig.

919. St. Johannes mit dem Lamm in einer Landschaft. B. St. Murillo p. gr. fol. Vor der Schrift.

920. St. Catharina. C. Dolce p. qu. fol. Der Rand brüchig.

921. Helena Forman, Rubens' Frau. Ganze Figur, halbnackt. P. P. Rubens p. gr. fol.

W. F. Gmelin.

922. 6 Bl. Die Ansichten aus der Umgegend von Neapel. qu. fol.

923. Der Rheinfall bei Schafhausen. J. J. Schalch p. qu. fol. Fleckig.

P. Göttich.

924. Die Geburt Christi. Copie nach A. Dürer. fol.

V. Green.

925. Fidelia und Spiranza. B. West p. Schwarzkunst. gr. fol. Mit Nadelschrift, aber brüchig u. stockfleckig.

V. R. Grüner.

926. Brustbild des Heilandes. Leon. da Vinci p. Punktirt. fol.

J. M. Gudin.

927. 2 Bl. Les petites Coquettes, und les petits Soldats. L. Boilly p. Punktirt. fol.

J. E. Haid.

928. 2 Bl. Maria Antoinette und Louis August Dauphin v. Frankreich, und Louis XVI. Brustbild. J. M. Miltiz p. Schwarzkunst, wie Folgendes. fol.

929. J. Chr. Schäffer, Theolog. Brustbild. J. V. Mansinger p. 4. Aufgezogen.

J. G. Haid.

930. Angelus Soliman, Neffe des Königs der Numidier. Halb-

figur. J. N. Steiner p. Schwarzkunst wie Folgenden. fol. Aufgezogen.

931. Chr. Cardinal von Migazzi. Kniestück. F. Palcko p. fol. Brüchig.

932. Pascal de Paoli, General der Corsen. Brustbild in Oval. L. de Montagna del. gr. fol.

J. J. Haid.

933. Adolf Friedrich, König v. Schweden. Brustb. Schwarzkunst, wie die Folgenden. fol.

934. C. Harleman, schwedischer Hofintendant. Brustbild. Arenius p. fol. Eine Ecke angesetzt.

935. Gottl. v. Heider, Schöffe zu Lindau. Kniestück. A. Löscher p. fol.

936. Atahalipa, König von Peru. Brustbild. fol.

J. T. Hauer.

937. I. Vue des Ruines du Pont d'Auguste. J. Ph. Hackert p. Aquatinta. gr. qu. fol.

J. Haussart.

938. Christus treibt die Wechsler aus dem Tempel. B. Manfredi p. qu. fol.

J. Heath.

939. The dead Soldier. J. Wright p. gr. qu. fol.

J. M. Hess.

940. Die Abnahme Christi vom Kreuz. fol.

J. Heudelot.

941. Recréations d'Hiver. J. M. Molenaer p. fol. Stockfleckig.

Bl. Höfel.

942. Johann Erzherzog von Oesterreich als Gemsjäger. P. Krafft p. fol. Aufgezogen und ohne Plattenrand.

943. Caroline Auguste, Kaiserin von Oesterreich. Halbfigur. J. Stieler p. fol. Ueber die Platte beschnitten.

J. Houbraken.

944. Joh. Visscher, Pfarrer zu Amsterdam. Halbfigur. J. M. Quinckhard p. fol.

945. J. Munnekemolen, Prädikant. Halbfigur. Idem p. fol. Scharf beschnitten und der Unterrand abgeschnitten.

946. Alb. Seba, Apotheker. Kniestück in seiner Offizin. Idem p. fol. Bemalt.

947. J. Ortwin Westenberg, Jurist. Brustbild. La Court del. fol.

948. Cl. Strezo, Pfarrer. Brustbild. A. Boonen p. 4. Eine Ecke angesetzt.

J. Hyrtl.

949. Ansicht von Wien mit der Spinnerin am Kreuz. J. Fischer p. qu. fol. Ohne Plattenrand.

L. Jacob.

950. Die Israeliten ziehen aus Egypten. Paul Veronese p. Gall. Orleans. qu. fol.

951. Die Anbetung der Hirten. Idem p. qu. fol.

J. Jacobé.

952. Elisabeth, Princess v. Würtemberg, schreibend. Halb-figur. Schwarzkunst. fol. Stockfleckig.

L. Janscha.

953. 2 Bl. Landschaften mit Heerden. Jos. Roos (Rosa) p. gr. qu. fol. Brüchig und eines ohne Plattenrand.

J. Jaresch.

954. Gott erscheint Cain nach Abel's Todtschlag. C. W. E. Dietrich p. qu. fol. Ohne Plattenrand.

J. P. M. Jazet.

955. 4 Bl. Die Jahreszeiten. Martinet del. Aquatinta. qu. fol.

St. Jeaurat.

956. Der Tod der Dido. N. Vleughels p. 4. Braun u. ohne Plattenrand.

F. John.

957. Schauspieler Klingmann. Halbfigur. V. Dorffmeister p. Punktirt. Oval 4.

F. Joullain.

958. Merkur und Herse. Paul Veronese p. Gall. Orleans. fol.

959. Dasselbe.

P. Isselburg.

960. 2 Bl. Die Verkündigung Mariä. V. Salimbeni und M. Arconi inv. fol. Etwas fleckig.

J. Kellerdaler.

961. 2 Bl. Diana und Actäon und Bacchanale. Mit der Punze gestochen. qu. fol. Neue Abdrücke.

G. Ketterlinus.

962. Buveur Hollandois. F. Micris p. 4. Ohne Plattenrand.

B. Kilian.

963. J. Endter, Buchhändler zu Nürnberg. Halbfigur. fol.

J. C. Krüger.

964. 2 Bl. Erzengel Michael's Kampf mit dem Drachen, u.
Flucht der Clelia. J. Rottenhamer und C. Poelemburg del. Radirt. fol. qu. fol.

M. Küsell.

965. Leonh. Weiss, Senator zu Augsburg. Kniestück. J.
Werner p. gr. fol. Aufgezogen u. scharf beschnitten.

966. Sigm. Franz Erzherzog v. Oesterreich. Brustbild. fol.
Fleckig.

967. 2 Bl. Kaiser Leopold, und Kurfürst Ferdinand Maria
v. Bayern. fol.

J. Lacroix.

968. Veduta della Città di Cesena. J. Ph. Hackert p.
gr. qu. fol. Eine Ecke angesetzt.

J. Sameau.

969. 2 Bl. Les Chanteurs ambulants, und la Danse des
Poupées ambulantes. Bacler d'Albe inv. Die Figuren von Misbach. qu. fol.

V. Lefebre.

970. 9 Bl. Historisches, Allegorisches u. Landschaften, nach
Tizian u. P. Veronese. Aus dem Werk des Tizian.
fol. qu. fol.

L. Legrand.

971. 2 Bl. Angeschirrte Pferde. J. B. Huet del. Röthel-
manier. qu. fol.

S. Lempereur.

972. Pyramus u. Thisbe. P. J. Cazes p. fol. Braun.

973. 2 Bl. Landschaften mit Heerde und Satyrn. B. Ca-
stiglione del. Radirt. qu. fol.

E. C. Lempereur (Gattin des Vorigen).

974. Les trois Colonnes du Campo vaccino. G. P. Pan-
nini p. qu. fol.

J. Leon.

975. Ein Gewölbe mit einem Sarkophag. J. Platzer inv.
Aquatinta. qu. fol.

R. E. M. Lépicié.

976. La Jeunesse sous les habillemens de la Décrépitude.
C. Coypel p. fol.

B. Lépicié.

977. 2 Bl. Das Alter, u. die Brotschneiderin. E. Jeaurat p.
fol. Ohne Plattenrand und fleckig.

P. C. Levesque.

978. L'Amour aiguisant ses Traits. J. P. Cazes p. fol.
Ebenso.

L. Lorenzi.

979. Die Entdeckung des Achill. P. da Cortona p.
qu. fol.

J. G. S. Lucas.

980. 2 Bl. Auszug der Israeliten aus Aegypten, und Weg-
führung nach Babylon. Martin und Roberts p.
Mezzotinto. qu. fol.

J. Marchand (Lefebre-Marchand).

981. Le Destin regle le Cours de la Vie. Caraffe p.
Mezzotinto. qu. fol.

C. F. Macret.

982. L'Offrande à l'Amour. J. B. Greuze p. fol. Gebrochen und aufgezogen.

J. Major.

983. 7 Bl. Felsige Landschaften mit Wasserfällen. qu. fol.
1 Bl. doppelt. Spätere Abdrücke mit Wolff's Adresse.

J. E. Mansfeld.

984. Andr. Graf Hadik. Halbfigur. Weikert p. fol.
985. J. V. Eybel, Professor. Brustbild. A. Massinger p. 8.

S. F. Mariage.

986. 4 Bl. Die Elemente. Kinderfiguren in Landschaften.
F. Albano p. Farbig punktirt. gr. qu. fol.

Qu. Marc.

987. Herodias empfängt das Haupt Johannis. Th. v. Thulden p. qu. fol. Brüchig.

L. A. Martinet (Dupuis' Gattin).

988. St. Gregor dictirt die Homilien. C. Vanloo p. gr.
fol. Scharf beschnitten und etwas beschädigt.

Ach. Martinet.

989. Le Sommeil de Jesus. Raphael p. Oval. fol.

Chr. v. Mechel.

990. L'Amour menaçant. Ch. Vanloo p. fol.

P. Mercurj.

991. St. Amalia, Königin v. Ungarn. P. Delaroche p. fol.

Cl. Mellan.

992. St. Petrus betend. fol. Eine Ecke abgerissen.

J. Merigot.

993. Der Wasserfall Leer-Foss bei Drontheim. P. Vanderberghe p. Aquatinta. gr. qu. fol. Colorirt.

E. Morace.

994. J. G. v. Müller, Kupferstecher. Brustb. F. Tischbein p. fol.

G. Morghen.

995. 3 Bl. Juno, Pallas und Hebe, in Ovalen. fol. Mit Nadelschrift. Stockfleckig.

R. Morghen.

996. Die Allegorie auf das menschliche Leben. N. Poussin p. gr. qu. fol. Andresen 400.

997. Theseus auf dem Minotaurus. A. Canova inv. gr. fol.

998. Dasselbe.

J. Moyreau.

999. L'Accident du Chasseur. Ph. Wouwerman p. qu. fol.

1000. La Famille du Maréchal. Idem p. qu. fol.

J. G. v. Müller.

1001. Lot mit seinen Töchtern. G. Honthorst p. qu. fol. Oben eingerissen.

1002. C. Th. v. Dalberg, Coadjutor zu Mainz. Brustbild. F. Tischbein p. fol.

1003. L. Leramberg, Bildhauer. Halbfigur. N. S. A. Belle p. fol. Stockfleckig.

G. Noble.

1004. Maternal Instruction. C. Borckhardt p. Oval. qu. fol. Ohne Plattenrand.

J. Passini.

1005. Die Ernte. F. Gauermann p. Oesterreich. Kunstvereinsbl. gr. qu. fol.

1006. Philipp II., König von Spanien. J. Geiger del. qu. fol. Vor der Schrift und auf Chines. Papier.

1007. Ein Engel lehrt ein Kind beten. F. Kadlik p. fol.

1008. Seeüberfahrt während des Sturms. F. Gauermann p. Oesterreichisches Kunstvereinsblatt. gr. qu. fol. Im Rand ein Flecken.

1009. 2 Bl. Die kleine Obsthändlerin, die Unschuld nach Waldmüller u. Brenner. 4.

1010. 6 Bl. Bildnisse: Maximilian I., Karl der Kühne u. A. nach A. Dürer, H. Holbein u. A. 4.

A. H. Payne.

1011. Die benutzte Gelegenheit. L. Hicks p. fol.

1012. Der Anfall des Löwen. Raden Sahleh p. qu. fol.

F. Pedro.

1013. 4 Bl. Bauerninterieurs und ländliche Scenen. F. Magiotto inv. qu. fol.

J. Pelletier.

1014. Le Fumeur interrompu. C. Bega p. fol.

N. Perelle.

1015. 13 Bl. Landschaften. qu. fol. qu. 8. Beschädigt.

G. E. Petit.

1016. Evrad Titon du Tiller. Kniestück. N. de Largillière p. fol.

C. Pfeiffer.

1017. 4 Bl. Damenportraits, dabei Fürstin Jablonowska. Punktirt. fol.

J. P. Pichler.

1018. Maria mit dem Kinde. H. Füger p. Schwarzkunst, wie die Folgenden. gr. fol. Vor aller Schrift und mit Retouchen von des Künstlers Hand.

1019. Jupiter erscheint Phidias. Idem p. roy. fol. Im Rand ein Wasserflecken.

1020. F. Geramb, General. Ganze Figur. C. Hummel p. roy. fol. Vor aller Schrift. Fleckig.

1021. J. v. Weinbrenner. Brustbild. J. B. v. Lampi p. fol.

1022. Baron von Sperges bei der Statue der Minerva. Idem p. fol. Brüchig.

V. Pillement.

1023. 3 Bl. Ansichten aus der Umgegend Neapels. Bour-
geois p. qu. fol.

P. Piringer.

1024. Die Papierfabrik in Klein-Neusiedl bei Fischament.
L. Jansch a del. Aquatinta. gr. qu. fol.

J. B. de Poilly.

1025. Die Briefschreiberin. Bonnart p. 4.

J. L. Potrelle.

1026. 4 Bl. Die Ruhe, der Angriff, die Abreise, und der
Verdruss Amor's. F. Gérard p. qu 4.

F. Pozzi.

1027. Die Aurora. F. Guercino p. qu. roy. fol. Brüchig.

M. u. V. D. Preisler.

1028. 3 Bl. Bildnisse der Joh. Susanna Jentsch, des A. R.
Kress und des F. G. Finckler. Kniestücke. J. L.
Hirschmann p. 1 Bl. in Schwarzkunst. fol.

A. J. v. Prenner.

1029. 23 Bl. aus dem Wiener Galleriewerk. qu. fol. 4.
qu. 4. Spätere Abdrücke.

M. C. Prestel.

1030. Landschaft mit steinerner Brücke, nach C. W. E.
Dietrich. Aquatinta. gr. qu. fol.

R. C. Quarrey.

1031. View of Bingen. Aquatinta. gr. qu. fol.

J. B. Racine.

1032. 2 Bl. Vue des Environs de Naples. J. Both p.
Farbig gedruckt. qu. fol.

C. Rahl.

1033. Hecuba und Andromache. E. Wächter del. Radirt,
wie die Folgenden. qu. fol. Tonpapier.

1034. Die Horen als Symbol der Ordnung. Idem del.
qu. fol.

1035. Heroische Landschaft. G. Poussin del. qu. fol.
Tonpapier.

N. Rhein.

1036. Carl Graf Pellegrini, Feldmarschall. Ganze Figur.
G. Tusch p. Schwarzkunst. gr. fol.

Ch. Rugendas.

1037. 6 Bl. Reiter- und Kampfscenen, nach G. Ph. Rugendas. Schwarzkunst. qu. fol.

F. Ruscheweyh.

1038. Fünf Bauern um ein Fass. T. Wocher del. Radirt. qu. fol.

E. Salvador Carmona.

1039. Die Anbetung der Hirten. J. B. M. Pierre p. gr. qu. fol.

S. Savry.

1040. Das Fest der Madonna del Imprunato, nach J. Callot. gr. qu. fol. Aufgezogen und rissig.

R. W. Scheibner.

1041. Phil. Amalia v. Lindt. Brustbild. H. Schmidt p. fol.

P. Schenck.

1042. Godard à Rhede, General. Kniestück. G. Kneller p. Schwarzkunst, wie die Folgenden. 4.

1043. Z. C. Uffenbach, Senator zu Frankfurt a. M. Brustb. T. Roos p. 4.

1044. G. Kneller, Maler. Kniestück. 4.

N. Schiavonetti u. Vendramini.

1045. 4 Bl. die Ausrufer von London. F. Wheatley p. Punktirt. fol.

W. F. Schlotterbeck.

1046. 2 Blatt. Italienische Landschaften mit Landleuten. J. Both p. Aquatinta. qu. roy. fol. Colorirt.

1047. 6 Blatt. Ansichten aus Steyermark. Aquatinta. qu. fol. Stockfleckig.

G. F. Schmidt.

1048. A. F. Prevost. 4. Jacoby 61. Scharf beschnitten.

1049. Friedrich II., König v. Preussen. A. Pesne p. 8. J. 82. Ebenso und fleckig.

1050. Der Prinz von Geldern. Rembrandt p. 4. J. 137. Bis zum Plattenrand beschnitten u. wurmlöcherig.

J. u. A. Schmuzer.

1051. Decius redet zu den Soldaten. P. P. Rubens p. gr. fol.

J. M. Schmuzer.

1052. Adler auf der Jagd der Löwen und Schlangen.

F. Snyers p. gr. qu. fol. Unten am Plattenrand beschnitten.

F. Schröder.

1053. 3 Bl. Partien aus dem Weissenstein bei Kassel. J. A. Nahl del. Die Figuren von G. Schleich. qu. fol.

C. G. Schulze.

1054. J. G. Palizsch. Brustbild mit astronom. Instrumenten. A. Graff p. fol.

P. v. Schuppen.

1055. Zwei Engel lösen den heil. Sebastian. A. v. Dyck p. fol. Ohne Plattenrand und etwas fleckig.

1056. Joh. Verjus, Theolog. Brustbild. A. Loir p. 4. Etwas fleckig.

1057. 2 Bl. J. Bouillaud, Astronom, und L. Thomassin, Priester. Brustbild. J. v. Schuppen p. 4. Spätere Abdrücke.

J. G. Schwab.

1058. Narcisse. J. Spilberger p. fol. Vor der Adresse.

X. Schwab.

1059. Franz, Graf v. Nadasd, Generalfeldmarschall. Kniestück. fol.

M. Schwindt.

1060. Armes verlassenes Weib. S. Diez p. Mezzotinto. Oesterreichisches Kunstvereinsbl. fol

G. J. B. Scotin.

1061. La Vie champêtre. D. Feti p. fol.

A. Seyffer.

1062. 7 Bl. Felsige Landschaften mit Figurengruppen. M. Molitor del. qu. 4. 1 Bl. doppelt.

A. Simon.

1063. Der Edelknabe. J. Schrader p. fol.

C. Simoneau.

1064. Agar in der Wüste. A. Sacchi p. qu. 4.

J. Smith.

1065. Ch. Mountaigne. Kniestück in Landschaft. G. Kneller p. Schwarzkunst. fol.

F. Stöber.

1066. Der Brautwerber. J. Danhauser p. Oesterreich. Kunstvereinsblatt. gr. fol. Der Rand etwas schmutzig.

J. Stöber.

1067. Die Monstranz in einem Blumenkranz. J. D. de Heem p. fol. Brüchig.
1068. Dasselbe. Ebenso und fleckig.

R. Strange.

1069. Venus auf dem Ruhebett. Tizian p. qu. fol. Le Blanc 27. Guter Abdruck, aber fast bis zur Platte beschnitten und die eine Ecke unterlegt.

P. L. Surugue.

1070. La Bohêmienne en Couche. D. Teniers p. fol.

N. Tardieu.

1071. Der junge Christus lehrt im Tempel. J. Andray p. fol.

P. F. Tardieu.

1072. Le petit Donneur d'Avis. C. Eisen inv. fol.

W. D. Tetrode (Bildhauer).
Nach ihm.

1073. Venus, Amor und ein Satyr. qu. fol. Mit Overrad's Adresse. Tintenfleckig.

J. B. Tilliard.

1074. Les Bergers Russes. J. B. Le Prince p. fol.

H. S. Thomassin.

1075. La Mélancolie. D. Feti p. fol.

A. Tofanelli.

1076. Die Zeit fährt Antonius und Cleopatra durch einen Fluss. E. Sirani p. Unter R. Morghen's Leitung gestochen. qu. fol.

C. Tomba.

1077. Die Zeichnenschule des Rosaspina. F. Giani del. qu. fol.

S. Tzetter.

1078. Christus am Kreuz. C. le Brun p. fol.

Unbekannt.

1079. Christus auf der Hochzeit zu Cana. A. Vicentino inv. M. P. sc. 1594. 2 Bl. gr. qu. fol.
1080. Joh. Kleinoden rettet den Hauptmann Koseritz. 1792. Radirt. Mit Artaria's Adresse. fol.
1081. J. B. Harnisch, Münzdirektor zu Wien. Brustbild. Oval. 4.

1082. René, N. Ch. Aug. de Maupeau, Siegelbewahrer, Halb-figur in Oval. fol.

1083. Greg. Deodat, Mönch. Halbfigur. Aus früher Zeit der Schwarzkunst. 8.

G. Valck.

1084. Melch. Leydecker, Pfarrer. Halbfigur. R. D. la Haye p. fol.

1085. Das Flöhe suchende Weib. M. v. Musscher p. Schwarzkunst. fol. Zweiter Druck mit Wegschleifung des excud.

F. Valder.

1086. Jupiter und Kallisto. P. P. Rubens p. Schwarz-kunst. gr. fol.

S. Vallée.

1087. St. Johannes der Täufer. Raphael p. fol.

1088. Catharina Marie le Gendre, als Flora und mit einem Mohrenknaben. H. Rigaud p. fol. Der Schrift-rand abgeschnitten.

1089. J. de Troy, Maler. Kniestück. F. de Troy p. fol. Brüchig.

J. J. le Veau.

1090. L'Agneau chéri. P. J. Loutherbourg p. qu. fol. Ohne Plattenrand.

1091. L'Entrée d'une Ville maritime. Lallemant p. qu. fol.

1092. Le Berger Napolitain. J. B. Weenix p. qu. fol.

1093. Les Pêcheurs des Monts Pyrenées. J. Vernet p. qu. fol.

1094. L'Aurore d'un beau Matin. Idem p. qu. fol.

1095. 2 Bl. Vues des Environs de Bajonne. Idem p. qu. fol.

1096. La Cuisine ambulante des Matelots. Idem p. qu. fol. Fleckig und ohne Plattenrand.

P. Vedeato.

1097. Coriolan. G. Singleton p. Punktirt. fol.

E. v. d. Velde.

1098. 9 Bl. der Folge der holländischen Dorfansichten. qu. 8. Zum Theil etwas am Rand beschädigt.

J. v. d. Velde.

1099. Der Stern der drei Könige, nach P. Molyn. 4. Mit Visscher's Adresse.

1100. 15 Bl. Verschiedene Landschaften. qu. fol. qu. 4.

C. Venzo.

1101. 2 Bl. Virginia, u. Achilles um Patrocles trauernd. G. Hamilton p. u. le Barbier inv. Punktirt. gr. qu. fol.

J. de Visscher.

1102. Bauern vor der Schenke. A. v. Ostade p. fol. Späterer Abdruck.

1103. 2 Bl. Reiter und Soldaten bei Zelten. Ph. Wouwerman p. qu. fol. Mit J. Danckerts' Adresse. 1 Bl. fleckig und aufgezogen.

B. Vogel.

1104. 2 Bl. Karl Wildgraf von Daun, und ein unbenanntes Portrait nach J. Kupetzky. Schwarzkunst. fol.

G. Volpato.

1105. Christus bei Simon zu Gast. P. Veronese p. qu. fol.

L. Vorsterman.

1106. Isabella Cl. Eug. Infantin v. Spanien. A. v. Dyck p. fol. Später Abdruck, wie die Folgenden.

1107. C. Saftleven, Maler. Idem p. fol.

G. Wagner.

1108. Cain's Todtschlag. B. Lutti p. gr. fol. Ohne Plattenrand.

1109. Maria auf dem Thron von Heiligen verehrt. P. Veronese p. gr. fol.

1110. Christus bei Simon zu Gast. B. Lutti p. gr. fol.

1111. Die Verklärung Christi. L. Carracci p. gr. fol. Ohne Plattenrand.

1112. St. Dominicus verbrennt die ketzerischen Bücher. L. Spada p. gr. fol.

1113. Hieronymus Aemilianus, nach P. Bracci's Statue. gr. fol. Aufgezogen.

1114. Tiresias. J. Amiconi inv. Radirt. qu. fol.

1115. 2 Bl. Landschaften mit Seehafen und Ruinen. J. Zais p. qu. fol. Ohne Plattenrand.

1116. 5 Bl. Landschaften mit ländlichen Figuren. F. Zuccarelli p. qu. fol. 1 Blatt von Volpato gestochen. Ebenso.

1117. 2 Bl. Landschaften mit Gebäuden. Clerisau del. qu. fol.

1118. 2 Bl. Die Malerei, und Musik durch Kinder vorgestellt. J. Amiconi p. qu. fol.　　　－

1119. 5 Bl. Landschaften mit mythologischen Figuren. G.
Lazarini, M. Ricci p. und Marchesini inv. fol.
qu. fol. 1 Bl. von Volpato gestochen.

G. Weigel.

1120. J. A. Danz, Orientalist. Brustbild. Schwarzkunst,
wie die Folgenden. fol.

1121. 2 Bl. J. G. Schröter, Jurist, und S. Pfinzing, Senator. Brustbilder. fol.

D. Weiss.

1122. Das Gewitter. P. Fendi p. Oesterreich. Kunstvereinsbl. qu. fol. Fleckig und mit wenig Papierrand.

1123. Maria mit dem Kinde. L. Cambiasi p. Punktirt,
wie die Folgenden. 4. Der Rand stockfleckig.

1124. The Soldier's Family. - C. Morland p. fol. Vor
aller Schrift. Im Rande eingerissen. fol.

1125. Elisabeth, Landgräfin zu Hessen-Homburg. Brustbild.
C. Hlatz p. Oval 4.

J. G. Wille.

1126. Hagar durch Sarah Abraham vorgestellt. C. W. E.
Dietrich p. qu. fol. Le Blanc 1. Grauer Abdruck.

1127. Mort de Cléopâtre. C. Netscher p. L. Bl. 5.
Ebenso.

1128. La Dévideuse. G. Dow p. fol. Le Bl. 61. II. Abdruck. Ohne Plattenrand und etwas fleckig.

1129. La Liseuse. Idem p. fol. Le Bl. 62. Zweiter
Abdruck. Scharf beschnitten und am Schriftrand beschädigt.

1130. Dasselbe. Scharf beschnitten und im Schriftrand
fleckig.

1131. L'Observateur distrait. F. Mieris p. fol. Le Bl. 65.
Leidlicher Abdruck.

1132. Gazettière Hollandoise. G. Terburg p. fol. Le
Bl. 68. Ohne Plattenrand und etwas fleckig.

J. W. Windter.

1133. 2 Bl. P. J. Marperger, G. G. Abeck, Jurist. G.
Müller und J. J. Preisler p. fol.

A. Wohlfahrt.

1134. Mühle in Mödling. L. Janscha del. fol. Beschnitten.

F. Wrenk.

1135. Die Gefangennehmung Jesu. H. Füger del. Schwarz-kunst, wie die Folgenden. fol.
1136. Philosophe du vieux Temps. P. P. Rubens p. fol.
1137. J. G. Füger, Pfarrer. Kniestück, betend. H. Füger p. fol.

A. Zaffonato.

1138. 2 Bl. Isaac und Rebecca, Simson und Delila. R. Smirke u. F. Guercino p. Punktirt. gr. qu. fol. Ersteres eingerissen.

G. Jancon.

1139. 2 Bl. Milide, u. Silvio. A. Piccardi p. fol.

J. Ziegler.

1140. Ansicht des Predigtstuhls, Landguts des Fürsten Gallitzin. J. M. Schmutzer del. gr. qu. fol. Aus-gebessert.

A. Zingg.

1141. Première Vue d'Autriche. F. A. Brandt p. qu. fol. Stockfleckig.

L. Zucchi.

1142. Laban verkauft die Erstgeburt. J. Spagnoletto p. Gall. Brühl. qu. fol.

Convolute.

1143. 153 Bl. Meist historischen Inhalts von und nach verschiedenen Meistern. Dabei manches gute Blatt, jedoch von mangelhafter Erhaltung oder späteren Abdrucks. Verschiedenes Format.
1144. 166 Bl. Figürliches, Historisches, Landschaften und einige Bildnisse. Verschiedenes Format.

Radirungen.

J. Abel.

1145. Die Charitas. 4.
1146. Sokrates trinkt den Giftbecher. qu. fol.
1147. 2 Bl. Sitzende Mutter und weinendes Mädchen. 4. qu. 8.

J. v. Aken.

1148. Die Bäuerin am Hügel in Unterhaltung. H. Saft-leven del. qu. fol. B. 18. Eine Ecke abge-rissen.

H. Aldegrever.

1149. 5 Bl. Biblisches, Allegorisches und ein Ornament. 8. qu. 8. Spätere Abdrücke u. fleckig.

J. Almeloveen.

1150. 3 Bl. Landschaften. qu. 4. B. 22. 24. 25.

A. Altdorfer.

1151. Die heilige Jungfrau. 4. B. 17. Scharf beschnitten und etwas fleckig.

J. Amman.

1152. Die Geschichte der ersten Menschen. Holzschnitt, wie die Folgenden. fol. Andresen, der deutsche Peintre-Graveur I. 25. Neuerer Abdruck.
1153. Die drei Türken. fol. A. 70. Ebenso.
1154. 8 Bl. aus dem Livius. A. 201. qu. 4.

A. Badiale.

1155. Die heil. Jungfrau mit St. Anton von Padua u. Ph. N.. . . ol. B. 3. Etwas fleckig.

A. F. Baudouin.

1156. 6 Bl. Landschaften mit Staffage. A. F. v. Meulen inv. qu. fol.

C. Bega.

1157. 13 Bl. Bauernscenen u. einzelne Figuren. 4. 8. 12. Spätere Abdrücke, zum Theil auf Chines. Papier. Einige doppelt.

F. J. Beich.

1158. 6 Bl. Landschaften aus zwei verschiedenen Folgen. fol. 4. 1 Bl. doppelt, 1 fleckig.

P. Bemmel.

1160. 4 Bl. der Folge der gebirgigen Landschaften. qu. 4.

N. Berghem.

1161. Die pissende Kuh. qu. fol. B. 2. Die Adresse abgeschnitten.
1162. Die den Fluss durchsetzende Heerde. fol. B. 9. Aelterer Abdruck, aber aufgezogen, ausgebessert und fleckig.
1163. Die liegende Kuh bei der stehenden Kuh. qu. 4. B. 13. Fleckig.
1164. 6 Bl. Die Schaafe mit der singenden Hirtin. qu. 8. B. 29—34. Spätere Abdrücke, nach der Adresse u. den Nummern.

1165. 8 Bl. Die Schaafe mit der Frau. 4. B. 41—48. Ebenso.

1166. 26 Bl. Meist von den Vorigen, zum Theil doppelt. Ebenso.

J. Bergler.

1167. Christus am Oelberg. B. Ciarpi inv. fol.

1168. Die Grablegung Christi. A. Camassei p. fol.

1169. St. Maria Egyptiaca. G. Reni p. fol.

S. Bermann.

1170. 4 Bl. Figürliches und Thiere. Studien nach verschiedenen Meistern. 4. qu. 4.

J. F. v. Bloemen.

1171. 2 Bl. Gartenprospecte bei Rom. fol. qu. fol. 1 Bl. auf Chines. Papier.

A. Bogner.

1172. Kopf eines Hundes. qu. 4. Chines. Papier.

J. de Boissieu.

1173. 20 Bl. Bildnisse, Köpfe und Studien von Köpfen, einige doppelt. Verschiedenes Format. Neue Abdrücke, einige auf Chines. Papier.

1174. 37 Bl. Landschaften u. Prospecte. Ebenso.

F. Bol.

1175. Die Familie. qu. 4. B. 4.

N. Boldrini.

1176. Simson wird von den Philistern gebunden. Tizian del. Holzschnitt. qu. fol. Aufgezogen und späterer Abdruck.

J. Both.

1177. 6 Bl. Italienische Landschaften. fol. qu. fol. 1 Bl. doppelt, 1 fleckig. Spätere Abdrücke.

S. Bourdon.

1178. 7 Bl. Die Werke der Barmherzigkeit. gr. qu. fol. Rob.-Dum. 2—8. Spätere Abdrücke mit zugelegter Adresse.

1179. Der Traum Joseph's. qu. fol. R.-D. Späterer Abdruck.

1180. 2 Bl. Die Landschaft mit der Flucht nach Egypten und mit den beiden Leviten. qu. fol. R.-D. 35. 39.

F. A. Brand.

1181. Das Frühstück. J. Tornvliet p. fol.

1182. 20 Bl. Figürliches, Köpfe, Landschaften und Ansichten, nach eigenen Zeichnungen. qu. fol. 4. qu. 8.

J. C. Brand.

1183. Die heil. Magdalena. Rembrandt p. Schwarzkunst. fol. Selten.

1184. 8 Bl. Landschaften und Architekturen. fol. qu. fol.
2 Bl. doppelt.

P. H. Brinckmann.

1185. Landschaft mit Anglern. qu. 4.

J. G. Bronkhorst.

1186. Römische Ruinen. C. v. Poelemburg inv. qu. fol.
B. 12.

F. Bühlmeyer.

1187. 3 Bl. Landschaften mit Heerde und ländlichen Figuren. gr. 4. qu. 4.

J. Burger.

1188. Brustbild eines Mannes. 8. Beschädigt.

H. Burgkmair.

1189. Merkur und Venus. Geätzt. 4. B. 1. Späterer
Abdruck.

A. Canale.

1190. 7 Bl. Ansichten in und aus der Umgebung Vene-
digs, dabei das Titelblatt der grossen Folge. qu. fol.
qu. 4. 8.

S. Cantarini.

1191. Der grosse St. Anton von Padua. fol. B. 25. Die
täuschende Copie. Fleckig.

C. Carlone.

1192. Carl Borromäus. fol.

H. Carracci.

1193. 2 Bl. Die heilige Familie mit dem Napf. 4.
B. 9. Späterer Abdruck mit v. Aelst's resse.
Nebst Copie.

A. Carracci.

1194. Die heil. Familie mit St. Catharina und Anton dem
Eremiten, nach P. Veronese. fol. 6. Zweiter
Abdruck mit G. Franco's Adresse.

B. Castiglione.

1195. Die Flucht nach Egypten. fol. 2.

5*

Graf Caylus.

1196. 2 Bl. Die Fischer ziehen ihre Netze an's Land und Alexander u. Thimoclea, nach Zeichnungen des Perino del Vaga u. G. Romano. Handzeichnungsmanier. qu. fol.

J. J. de Claussin.

1197. 2 Bl. Studien von vielen Köpfen. gr. 4.

A. Coppens.

1198. Ruinen hinter dem Rathhaus aus Brüssel. qu. fol.

J. B. Corneille.

1199. 2 Bl. Landschaften mit Gebäuden und Flüssen. A. Carracci del. Cab. Jabach. qu. fol. Rob.-D. 64. 65. Scharf beschnitten, eines fleckig.

O. Dauphin.

1200. Die Klage um den todten Heiland. A. Carracci p. fol. Rob.-Dum. 2. Zweiter Abdruck. Die Adresse ausgekratzt und gebräunt.

D. V. Denon.

1201. Die Verleumdung. Raphael del. qu. fol. Aufgezogen.

L. de Deyster.

1202. Hagar entflieht. 4. B. 1.

1203. Hagar vom Engel getröstet. 4. B. 2. Chines. Papier.

A. C. Dies.

1204. 5 Bl. aus der Folge der malerischen Prospecte aus Italien. fol. qu. fol.

C. W. E. Dietrich.

205. Die Maulthierherberge. qu. fol. L. 123. Zweiter Abdruck. Selten. Unreiner Druck.

1ᵣ. 27 Bl. Landschaften und Figürliches. Abdrücke nach den Nummern. Verschiedenes Format.

A. Dürer.

1207.. e Eifersucht. fol. B. 73. Schöner Abdruck, s. aufgezogen und in der Luft mehrfach re-rt.

1208. Da. osse Glück. fol. B. 77. Guter Abdruck, abe fgezogen, Risse unterlegt und restaurirt.

1209. Das ie Pferd. 4. B. 97. Copie.

1210. Phil. ichthon. 4. B. 105. Matt.

Holzschnitte.

1211. Die Anbetung der heil. drei Könige. fol. B. 3. Unreiner Druck. Die Ecken abgeschnitten.

1212. Christus in der Vorhölle. fol. B. 14. Aufgezogen, rissig und unrein.

1213. 7 Bl. aus dem Leben der Maria. B. 76—95. fol. Meist unreine Drucke und schlecht gehalten. 1 Bl. Copie.

1214. St. Hieronymus in der Grotte. 4. B. 114. Guter Abdruck mit der Jahreszahl.

1215. Die Hinrichtung der 10,000 Märtyrer. fol. B. 117.

1216. Die Enthauptung Johannes des Täufers. 4. B. 125. Neuerer Abdruck.

1217. Der nach links galoppirende Reiter. fol. B. 131. Neuerer Abdruck, Risse unterlegt.

1218. Herkules. fol. B. 127. Neuerer Abdruck.

1219. Dasselbe. Aufgezogen und mit Löchern.

1220. 4 Bl. aus der Ehrenpforte. B. 138. fol. 1 Blatt fleckig.

1221. Der Meister selbst. fol. B. 156. Späterer Abdruck.

C. Dusart.

1222. Die Schröpferin. B. 12. fol. Neuerer Abdruck.

A. v. Dyck.

1223. Paul de Vos, Maler. Von S. à Bolswert beendet. fol.

Th. Ender.

1224. In Muggendorf. qu. fol.

J. C. Erhard.

1225. 2 Bl. Die Holzfäller. fol.

1226. 13 Bl. Landschaften und Militair aus verschiedenen Folgen. qu. fol. 4. 8. Meist neue Abdrücke.

J. F. Ermels.

1227. 4 Bl. Ruinen aus dem Colosseum in Rom. 8. 3 Bl. vor der Nummer, 1 doppelt, auch mit der Nummer.

F. Ertinger.

1228. 6 Bl. Biblische Vorstellungen. R. Lafage inv. fol. 2 Bl. doppelt. Aeltere und neuere Abdrücke, zum Theil fleckig.

A. v. Everdingen.

1229. 4 Bl. Landschaften. qu. 4. Spätere Abdrücke.

A. M. Fischer.
1230. 3 Bl. Landschaften, eine mit Kühen, nach A. Cuyp. qu. fol. qu. 4.

J. Fischer.
1231. 2 Bl. Adresskarten des Meisters. Radirt und Aquatinta. 8.

A. Flamen.
1232. 4 Bl. Fische. qu. 8. Gute Abdrücke, aber bis auf 1 Bl. die Schriftränder weggeschnitten.

J. M. Frey.
1233. 4 Bl. Landschaften. J. G. Wagner p. qu. fol.

H. Füger.
1234. Moses u. Aaron. fol. Roth gedruckt.

J. Führich.
1235. 5 Bl. Bilder zu Tieck's Genovefa. Mit Textblatt. qu. fol.

F. Gabet.
1236. 4 Bl. Die Jahreszeiten. J. v. Goyen p. qu. fol.
1237. 7 Bl. Verschiedene Landschaften, zum Theil nach M. Molitor. qu. fol. 4. qu. 8.

J. Gauermann.
1238. Der Kirchgang. qu. fol. Mit einem Tintenfleck.

J. N. Geiger.
1239. Die Strohmattenhändlerin. 8.
1240. Ein bettelnder Invalide. 8.
1241. Ein reisender Handwerksbursche. qu. 8. Chines. Papier.
1242. Ein steiermärkischer Bauer. 8. Chines. Papier.
1243. Carl V. nach der Einnahme von Tunis, als Befreier der Christensklaven. Auf Stein radirt wie die Folgenden. Wiener Kunstvereinsblatt. qu. fol. Chines. Papier.
1244. Ein Fürst empfängt durch eine knieende Königin eine Krone. qu. fol. Tondruck.
1245. Allegorie auf die Künste und Gewerke. qu. fol.

S. Gessner.
1246. 5 Bl. Landschaften mit Figuren. qu. 4.

H. Goltzius.
1247. 17 Bl. Heilige, römische Helden u. A. fol. 4. Spätere Abdrücke. 1 Bl. dreifach.

B. Guilard.

1248. 2 Bl. Almanachkupfer. G r a v e l o t inv. 8. Aufgezogen.

F. Guercino.

1249. Die Frau und der Mann welche sich prügeln. qu. 4. Zweifelhaft. B. 1.

R. v. Haanen.

1250. Winterlandschaft mit Bäuerin und Knaben. fol.
1251. Kanalansicht bei aufgehendem Mond. Nachtstück. qu. fol.

J. v. d. Hecke.

1252. 2 Bl. Der Hund bei der Fontaine, und die Esel. qu. 8. B. 7. 12. Spätere Abdrücke.

A. Hertzinger.

1253. Kuh und Schaafe bei der Planke mit der Bäuerin. F. C a s a n o v a p. Aquatinta. qu. fol.
1254. Architekturstück mit Scene aus Virgil. qu. fol.

B. Höfel.

1255. Gründung der St. Stephanskirche durch Heinrich Jasomirgott 1141. L. R u s s del. Holzschnitt. qu. fol.

D. u. S. Hopfer.

1256. 10 Bl. Verschiedene Ornamente und Altäre, und Scene aus der Passion, nach A. D ü r e r. fol. 4. 8.

L. Janscha.

1257. Eine Mühle in Weissenbach. qu. fol.
1258. Dasselbe.

C. du Jardin.

1259. 17 Bl. Landschaften mit Thieren. 4. qu. 4. qu. 8. Spätere Abdrücke.

J. A. Klein.

1260. Der gesattelte Schimmel im Stall. qu. 4. Jahn*) 40.
1261. Ansicht von Würzburg. qu. fol. J. 44. IV. In der Luft ein Loch.
1262. Die Ziegen bei altem Gemäuer. qu. 8. J. 50.
1263. Das Bauernpferd am Fenstergitter. qu. 4. J. 52.
1264. Der Reitknecht an der Mauer. qu. 4. J. 68.

---

*) Das Werk des J. A. Klein, beschrieben durch C. J a h n. München 1863.

1265. Die drei ungarischen Ochsen bei dem Heuwagen. qu. fol. J. 108.
1266. Die vier Orientalen. qu. 8. J. 112.
1267. Ungarischer Schiffszug. qu. fol. J. 141. Fleckig.
1268. Die Thierstudien in Kreidemanier. 1815. qu. 8. 8. J. 157—161.
1269. Der Karren bei dem Laternenpfahl. qu. 4. J. 162.
1270. Der Ungar. 8. J. 167.
1271. Allegro. qu. 8. J. 168.
1272. Caro. 8. J. 171.
1273. Dasselbe.
1274. Beladenes Maulthier nach rechts. qu. 4. J. 249.
1275. 2 Bl. Die Brunnen zu Bern. qu. 4. J. 250. 251.
1276. Felicissimo capo d'anno. 4. J. 252.
1277. J. C. Erhard zeichnend. 4. J. 255.
1278. Der Hund Tiffon. qu. 8. J. 273.
1279. 3 Bl. aus der Folge der Hunde. J. 299. 302. 303.
1280. Die beiden Kühe beim Wagen. qu. fol. J. 306. Chines. Papier.
1281. Ziege im Stall. qu. 4. J. 320.

F. Kobell.

1282. 2 Bl. Die Landschaften mit Hagar und St. Hieronymus. fol.

W. Kobell.

1283. Reiter auf stallendem Pferd. Ph. Wouwerman p. Aquatinta. 4.
1284. Das Pferderennen zu München 1810. gr. qu. fol.

C. W. Kolbe.

1285. Der ruhende Hirt. gr. fol.
1286. 7 Bl. Verschiedene Landschaften. qu. fol.

F. Landerer.

1287. Sisara von Jahel getödtet. J. M. Schmidt p. gr. qu. fol.
1288. Felsige Landschaft mit Fluss. J. Pillement inv. qu. fol. Fleckig.

J. F. Leonart.

1289. P. Hecker, Wachsbossirer. Schwarzkunst. 8. Andresen 189.*)

---

*) Vergl. Joh. Fr. Leonart. Von Dr. A. Andresen, im Archiv f. d. zeichn. Künste. Leipzig 1862.

L. v. Leyden.

1290. 5 Bl. Biblische Darstellungen und das Weib mit dem Esel. fol. 8. Spätere Abdrücke und 2 Bl. Copien, 1 Bl. fleckig.

F. Loos.

1291. Ruinen bei Mödling. qu. 8.

1292. Waldige Schlucht mit Heerde am Wasser. J. v. Artois p. gr. qu. fol.

1293. Landschaft mit grossem Baum vorne. Idem p. qu. fol.

Cl. Lorrain.

1294. 2 Bl. Die hölzerne Brücke und der Tanz unter den Bäumen. qu. 4. Rob.-Dum. 14. 10.

P. J. Loutherbourg.

1295. Tranquillité champêtre. fol. Pr. de Baud. 19. II. Abdruck. Selten.

J. Münnl.

1296. Judith mit dem Haupt des Holofern. C. Saraceno p. Schwarzkunst. fol. Selten.

Maier v. Landshut.

1297. Herr und Dame in der Thür. 4. Zweifelhaft. Neuerer Abdruck.

D. Marot.

1298. Prison d'Amadis. qu. fol.

C. Maratti.

1299. Die heil. Jungfrau u. heil. Magdalena. Oval. 4. B. 6. Etwas fleckig.

J. Meidinger.

1300. Brustbild einer sitzenden Alten. 8.

M. Meier.

1301. Die Bekehrung des Saulus. gr. 8. Pass. App. a. Aufgezogen, fleckig und beschädigt.

Meister B mit dem Würfel.

1302. Apollo und Marsyas. Raphael inv. qu. fol. B. 31. Retouchirter Abdruck mit Thomassin's Adresse.

J. Mössmer.

1303. Landschaft mit Tempelruine. A. Elzheimer p. qu. fol.

J. B. Mola.

1304. Joseph und seine Brüder. qu. fol. B. 1. Aufgezogen.

M. Molitor.

1305. 34 Bl. Landschaften, mehrere doppelt. Verschiedenes Format. Vergleiche den Catalog v. A. Bartsch.

P. Molyn.

1306. Landschaft mit Bauern u. Soldaten. qu. 4. B. 4. Fleckig u. ausgebessert.

J. M. Moyreau.

1307. David und Bathseba. Rembrandt p. Gall. Brühl. qu. fol. Ohne Plattenrand.

J. Morin.

1308. Der Karren. J. Foucquier p. fol. R.-D. 96. Scharf beschnitten und fleckig.

H. Naiwincx.

1309. Der Weg am Hügel. qu. 4. B. 5.

J. v. Noordt.

1310. Landschaft mit dem Sibyllentempel zu Tivoli, nach P. Lastman. qu. 4. Späterer Abdruck mit der Retouche.

J. P. Norblin.

1311. Der zeichnende Krieger im Gewölbe. In Rembrandt's Manier. 4.

A. v. Ostade.

1312. 28 Bl. aus dem Werk dieses Meisters, einige doppelt. qu. fol. 4. 8. Spätere Abdrücke und Copien.

G. Pencz.

1313. Der Triumph des Ruhmes. qu. fol. B. 119.

J. Pesne.

1314. F. Langlois als Dudelsackspieler. A. v. Dyck p. fol. R.-D. 97. Neuer III. Rob.-Dum. unbekannter Abdruck, nach Zulegung der Schrift.

J. B. Piranesi.

1315. 3 Bl. Ruinen aus Rom. fol.

D. Quaglio.

1316. Sendlinger Thor in München. qu. fol.

A. Quaglio.

1317. Tempelhof mit Figuren. 4.

J. N. Rauch.

1318. Drei Löwen in einer Landschaft. qu. fol. Neuerer Abdruck.
1319. Dasselbe.
1320. Der Bär. 4.
1321. 8 Bl. Thiere und Thierköpfe. 1 Bl. doppelt. qu. 4. qu. 8.

Rembrandt.

1322. 30 Bl. Bildnisse, heilige und genreartige Darstellungen. Verschiedenes Format. Fast sämmtlich späte und neue Abdrücke. Beigelegt 14 Bl. Copien.

M. Ricci.

1323. 3 Bl. Landschaften mit Gebäuden u. Figuren. qu. fol.

J. E. Ridinger.

1324. 10 Bl. aus der Fürsten Jagdlust. Thienemann 13 — 36. qu. fol.
1325. 7 Bl. aus der Betrachtung der wilden Thiere, mit Versen von Brockes. Th. 195—235. qu. fol.
1326. 2 Bl. Auerochsen im Kampf mit Bären. qu. fol. Th. 361. 362.
1327. Das Rhinoceros. fol. Th. 295.
1328. Hirsch, von Herzog Carl Alex. v. Würtemberg 1735 geschossen. fol. Th. 255.
1329. Eine Damhirschfamilie. gr. fol. Th. 189. Beschnitten.
1330. 3 Bl. aus der Folge des Paradieses. Th. 811, 812, 816. qu. fol.
1331. 17 Bl. Thiere aus verschiedenen Folgen. fol. qu. fol.

E. Ritter.

1332. 13 Bl. Figürliches und Hausgeräth. qu. 4. 8.

B. Rode.

1333. 2 Bl. Socrates im Gefängniss. qu. fol. Vor und mit der Schrift.

R. Roghman.

1334. Landschaft mit Bildsäule. qu. fol. B. 25. II. Abdruck mit J. Wolff's Adresse. Beschnitten.

J. H. Roos.

1335. 15 Bl. Schaafe und andere Thiere, meist aus dem Beestboekje, einige Bl. doppelt. 4. Meist spätere Abdrücke.

P. P. Rubens.

1336. Die Alte mit dem Licht. fol. Späterer Abdruck.

G. Ph. Rugendas.

1337. Kampf zwischen Kürassiren und Husaren. Schwarzkunst. qu. fol.

C. Russ.

1338. 20 Bl. Eigene in Kupfer gebrachte Ideen. Biblisches
und Mythologisches. Radirt und Aquatinta. qu. fol.
qu. 4. qu. 8.

F. Ruscheweyh.

1339. Stigmatisation des heil. Franz. G. Muziano del.
Aquatinta. fol.

J. Ruysdael.

1340. Die kleine hölzerne Brücke. qu. fol. B. 1.

A. Sabatelli.

1341. Cassius Laeva im Kampf bei Durrachium. qu. fol.

A. Santvoort.

1342. Joh. Horenbeek. Halbfigur. fol.

M. J. Schmidt (von Krems).

1343. 5 Bl. Heilige u. mythologische Darstellungen. fol. 8.

L. Schnell.

1344. Bildniss des Meisters selbst. fol. Der Schriftrand
abgeschnitten und matt.

A. Schöpff.

1345. Kains Brudermord. G. Lairesse inv. qu. fol.

A. Semeleder.

1346. Gebirgsthal mit Bauernhütte. 1841. C. Gauermann
del. qu. 8.

J. Sibmacher.

1347. Ruppr. v. Eggenberg. Brustbild. 4.

V. Solis.

1348. 29 Bl. Aus der Bibel. Holzschnitte in Rahmen.
qu. 4.

M. Speer.

1349. Die Bekehrung des Paulus. F. Solimena p. fol.

D. Stoop.

1350. 2 Bl. Reiter. qu. 4. Spätere Abdrücke.

H. van Swanevelt.

1351. 28 Bl. Landschaften. fol. qu. fol. qu. 4. Meist spätere und neue Abdrücke.

P. Troger.

1352. Das Kinderbacchanal bei der Büste der Pallas. qu. fol.

L. v. Uden.

1353. Die Landschaft mit dem umgestürzten Wagen. qu. fol. B. 48. Fleckig und der Rand angesetzt.
1354. Die Landschaft mit einem Kanal. qu. 8. B. 23. Ein Riss unterlegt und matt.

J. Umbach.

1355. 12 Bl. Heilige Darstellungen und Landschaften mit Ruinen. 8. qu. 8.

J. Unterberger.

1356. Venus mit Amoretten und Fackeln. Schwarzkunst. qu. 4. Vor der Schrift. Brüchig.

J. Vaillant.

1357. 3 Bl. Landschaften. qu. 8. 1 Bl. fleckig, eins aufgezogen.

A. v. d. Velde.

1358. 10 Bl. Die Thierfolge. qu. 4. B. 1—10. Späte Abdrücke.

C. v. Vittinghof.

1359. Felsige Landschaft mit Viehheerde. J. H. Roos inv. qu. fol.
1360. 25 Bl. Thiere in Landschaften und Thierfabeln. qu. 4. Selten.

S. de Vlieger.

1361. 2 Bl. Die Schafe und Truthühner. qu. 4. B. 15. 18. Spätere Abdrücke.

J. G. v. Vliet.

1362. 8 Bl. der Folge der Bettler. 8. B. 73—92. Spätere Abdrücke.

A. H. Verboom.

1363. 3 Bl. Der Meiler und der Sumpf. qu. 4. B. 1. 2. 1 Bl. doppelt. Spätere Abdrücke, 1 Bl. fleckig.

C. de Wael.

1364. 10 Bl. der Folge der Seehäfen mit Figuren. qu. 4. Nach ihm von M. Schaep radirt.

F. Wagenschön.

1365. 2 Bl. Die Abnahme Christi vom Kreuz, und die Klage um den todten Heiland. fol.

A. Waterloo.

1366. 41 Bl. Landschaften aus dem Werk des Meisters. qu. fol. qu. 4. Sämmtlich spätere Abdrücke.

F. E. Weirotter.

1367. 2 Bl. Chute d'Eau, u. Pont rustique. C. W. E. Dietrich del. qu. fol.

1368. 2 Bl. Ruines de l'Abbaye de S. Maur, Fontaine près de Meulan. J. G. Wille del. qu. fol.

1369. 3 Bl. Vues des Vernonnes und Titelblatt einer Landschaftsfolge. 1 Bl. eingerissen. qu. fol.

B. J. Weyss.

1370. 3 Bl. Köpfe und Landschaft nach Willmann und W. v. Bemmel. 8. qu. 8.

J. Wengler.

1371. Katzen mit Jungen. qu. 8. Chines. Papier.
1372. Die Mutter des Künstlers. Brustbild. 8. Ebenso.

C. Wiessner.

1373. Kupferstecher Kirchner auf der Wanderschaft. J. A. Klein del. qu. 4.

G. C. Wilder.

1374. 2 Bl. Architekturen aus Wien. fol.

M. Zasinger.

1375. St. Ursula. 8. B. 10. Neuerer Abdruck der alten Copie.

Convolut.

1376. 73 Bl. Kupferstiche, Radirungen und Holzschnitte von älteren Meistern, zum Theil Copien. Verschiedenes Format.

Lithographien.

F. Blaha.

1377. Der Christabend. fol. Tondruck.

A. Dauthage.

1378. A. v. Dyck. Brustbild. 4. Tondruck. Chines. Pap.

1379. Feldmarschall Radetzky. Brustbild. 4. Farbendruck.
1380. Derselbe, älter. Brustbild. 4. Ebenso.

F, Dobyaschofsky.

1381. Lasset uns nach Bethlehem gehen und sehen was geschehen ist. J. Führich p. gr. qu. fol. Tondruck.

E. Ender.

1382. Die Ermüdung. Schlafendes Kind. Originallithogr. Tondruck. Wiener Künstleralbum. fol.

F. Gerasch.

1383. Der Befehl. P. J. N. Geiger del. qu. fol. Tondruck. Stockfleckig.

F. Hanfstängl.

1384. Die Löwenjagd. P. P. Rubens p. Dresd. Gallerie. qu. fol Chines. Papier. Im Rand rissig.

F. Herr u. Leybold.

1385. Maria mit dem Kinde zwischen St. Matthäus u. Magdalena. J. Tunner p. qu. fol. Chines. Papier. Der Rand stockfleckig.

R. Hoffmann.

1386. Venetianisches Ständchen. F. Pattiner p. Wiener Künstleralbum. Oval. fol. Tondruck.

Horegssy.

1387. Die Morgenländerin. Amerling p. fol. Chines. Papier.

A. Kaiser.

1388. 2 Bl. Abend-Landschaft und Donau-Landschaft. J. Raffalt p. qu. fol. Tondruck.

F. Leybold.

1389. Eva's Tochter. Amerling p. fol.
1390. Angeli pacis amare flebunt. Kadlik p. qu. fol. Chines. Papier, aber im Rand stockfleckig, wie die Folgenden.
1391. Das Gebet des Moses. L. Kuppelwieser p. fol.
1392. Der Gang nach dem Oelberg. J. Führich p. qu. fol.
1393. St. Filomena. Idem p. qu. fol.
1394. St. Lucas malt die Madonna. E. Steinle p. qu. fol.

N. Muxel.

1395. Die Princessin v. Leuchtenberg. Halbfigur. J. Stieler p. fol. Tondruck.

Prinzhofer u. Bauer.

1396. Fürst Metternich. Kniestück. Th. Lawrence p. fol.

J. Sornet.

1397. 2 Bl. Muster für Tafeluhren. fol.

J. Stadler.

1398. Das Bouquet. Halbfigur einer jungen Dame. fol.

1399. Eugenie aus Monte Christo. Kniestück. fol. Stockfleckig.

1400. 2 Bl. Estrella und Sathaniel. Kniestücke. fol.

M. Stohl.

1401. Die heil. Ludmilla beim Gottesdienst. Kadlik p. qu. fol. Chines. Papier. Der Rand stockfleckig.

1402. Die heil. Gudula. J. Führich p. qu. fol. Chines. Papier.

H. Vernet.

1403. Rebecca und Eliezar. Nach ihm. fol. Aufgezogen.

J. L. V. Villeneuve.

1404. Vue d'un Forge près d'Amalfi. Coignet del. fol. Chines. Papier.

J. Weixelgärtner.

1405. Erzherzog Johann als Gemsjäger. fol. Farbedruck.

Kupferstiche.

P. Anderloni.

1406. Christus und die Ehebrecherin. Tizian p. qu. roy. fol. Trefflicher und sehr seltener Abdruck. vor aller Schrift, blos mit den Buchstaben P. A. F. unten in der Mitte und mit den weissen Blumen. (Epreuve d'Artiste.) Aus Debois' Sammlung.

1407. Der Zug des Attila. Raphael p. qu. roy. fol. Schöner und seltener Abdruck mit Nadelschrift. (Avant l. l.)

1408. Die Vertreibung des Heliodor aus dem Tempel. Idem p. qu. roy. fol. Gegenstück zum Vorigen, in vorzüglichem und seltenem Abdruck mit Nadelschrift. (Avant l. l.)

J. Callot.
1409. Der grosse Markt bei Florenz. gr. qu. fol. Meaume 625. Matt. Ausgebessert und aufgezogen.

A. Dürer.
1410. St. Hieronymus im Zimmer. fol. Bartsch 60. Guter Abdruck, mit einigen unbedeutenden kleinen Flecken.

G. Neyts.
1411. Die Landschaft mit dem Reitknecht. Radirt. gr. 4. B. 7. Guter und seltener zweiter Abdruck, mit Huysens' Adresse, vor der von Wyngaerde.

Rembrandt.
1412. Das sogenannte Hundertguldenblatt. Christus heilt die Kranken. qu. fol. Capitalblatt, mit der Retouche von W. Baillie, in sehr schönem und fast einzigem Abdruck, auf gelblichem Atlas, aus Lousberg's Sammlung.

P. Toschi.
1413. Die Kreuztragung, lo Spasimo di Sicilia. Raphael p. roy. fol. Trefflicher noch nicht ganz vollendeter Probedruck, vor aller Schrift und auf Chines. Papier. (Epreuve d'Artiste.) Fast einzig.

J. G. Wille.
1414. Agar présentée à Abraham par Sara. C. W. E. Dietrich p. gr. qu. fol. Le Blanc 1. Erster sehr seltener Abdruck, vor aller Schrift und dem Wappen.
1415. Petite-Ecolière. D. E. Schenau p. 4. Le Bl. 69. Zweiter sehr seltener Abdruck, vor aller Schrift, blos mit dem Wappen.
1416. Maitresse d'Ecole. P. A. Wille p. 4. Le Bl. 70. Gegenstück zum Vorigen, in gleichem sehr seltenen zweiten Abdruck.
1417. Bonne Femme de Normandie. Idem p. gr. 4. Le Bl. 21. Zweiter sehr seltener, Le Blanc unbekannter Abdruck, vor aller Schrift und vor dem

Wappen, aber mit der Bordüre. Aus Verstolk van Soelen's Sammlung.

1418. Soeur de la bonne Femme de Normandie. Idem p. gr. 4. Le Bl. 72. Gegenstück zum Vorigen in gleichem sehr seltenen Abdruck, vor aller Schrift etc.

P. Anderloni.

1419. Christus mit der Ehebrecherin. Qui sine peccato est etc. Tizian p. gr. qu. fol. Schöner erster Abdruck mit Tanner's Namen. Bis zum Plattenrand beschnitten, auch oben ein ausgebesserter Riss und aufgezogen.

1420. Madonna mit dem Kinde und den beiden grossen Engeln. Adorent eum Angeli Dei. Idem p. qu. fol. Seltener Abdruck, auf Chines. Papier, aufgezogen.

H. G. Chatillon.

1421. L'Archange S. Michel. Raphael p. gr. fol. Ein Hauptblatt in gutem Abdruck.

A. B. Desnoyers.

1422. Eliezer et Rebecca. N. Poussin p. gr. qu. fol. Ebenso.

1423. La Visitation. Raphael p. fol. Ebenso.

G. Longhi.

1424. Die heil. Familie mit St. Johannes. Nunc ego mitto etc. Idem p. fol. Ebenso.

R. U. Massard.

1425. Sainte Cecile. Idem p. gr. fol. Alter guter Abdruck dieses Hauptblattes, mit der Adresse von Massard und Vilquin, somit vor der von Chaillou.

A. Perfetti.

1426. Sibylla Cumaea. D. Dominichino p. fol. Alter schöner Abdruck.

G. Audran.

1427. St. Hiacinte am Meeresufer knieend. F. Guercino inv. fol.

N. Bertrand.

1428. Leo XII. Brustbild in Lebensgrösse. Camuccini p. Kreidestich. fol.

H. Carracci.

1429. St. Franciscus. 4. B. App. 6.

A. Gruner.

1430. Abnehmung Christi vom Kreuz mit Heiligen. B. Luini p. Gall. Longhena. Leicht schattirt. gr. 4.

J. Lenfant.

1431. Portrait von P. de Camboust de Coeslin. R. Nanteuil del. fol. Aus Börner's Sammlung.

R. Nanteuil.

1432. Cardinal de Coislin. fol. Rob.-Dum. 69. Erster Abdruck.

N. Pitau.

1433. Alex. Pauli Fil. Petavius, Staatsrath. C. le Fevre p. fol.

P. van Schuppen.

1434. Louis de Pontis. Ph. de Champagne del. 8.

H. Wierx etc.

1435. 13 Bl. geistliche Darstellungen. 8. 12. Selten.

P. Audouin.

1436. Das Concert. G. Metzu p. Musée royal. fol. Vor aller Schrift, aber fleckig.

G. Audran.

1437. Die Steinigung des St. Stephanus. C. le Brun p. gr. fol.

P. Aveline.

1438. Tod des Seneca. L. Giordano p. Dresden. Gall. qu. fol. In der Mitte gebrochen.

P. Balliu.

1439. Rinaldo von Armida bekränzt. A. van Dyck p. gr. fol. Dritter Abdruck, mit der Adresse von Wyngaerde.

1440a. Albrecht Graf von Aremberg. Ganze Figur zu Pferd. A. van Dyck p. fol. Der Rand angesetzt.

6*

1440b. Die Verspottung Christi. A. van Diepenbeck inv. fol. Vor aller Schrift.

J. J. Balechou.

1441. August III., König von Polen. Ganze Figur mit dem Mohrenpagen. H. Rigaud p. Dresdener Gallerie-werk. roy. fol.

B. Baron.

1442. König Karl 1. von England mit seiner Familie. A. v. Dyck p. gr. fol.

F. Bartolozzi.

1443. 17 Bl. Scenen aus Sheakspeare, mit J. Neagle, J. Fittler, W. Shelton u. A., nach Gemälden von W. Hamilton, P. Smirke u. A. gestochen. fol. qu. fol.

J. P. le Bas.

1444. Petite Marine. A. van der Velde p. qu. fol.
1445. Der Bauerntanz vor dem Wirthshaus. D. Teniers p. qu. fol.
1446. Pense-t-il à la Musique. Idem p. fol.

J. F. Bause.

1447. J. G. Rosenmüller. F. Tischbein p. Keil 170. Erster, seltener Abdruck, vor aller Schrift.
1448. 2 Bl. J. G. Böhme und dessen Gattin. A. Graff p. fol. K. 207. 208.

C. Cl. Bervic.

1449. Die Unschuld. Merimée p. gr. fol. Schöner Abdruck, vor der Schrift, nur mit den Künst-lernamen und der Enregistrationsmedaille. Nahe bis zur Platte beschnitten.
1450. Laocoon, nach der Antike. Musée Napoleon. fol. Schöner Abdruck. Etwas stockfleckig.
1451. Dasselbe vorzügliche Blatt in sehr seltenem Ab-druck vor der Schrift, nur mit dem Namen der Künstler und des Druckers.
1452. Achilles vom Centaur Chiron unterrichtet. J. B. Reg-nault p. gr. fol.

J. B. Bittheuser.

1453. Lucretia sich erdolchend. G. Reni p. fol. Vor aller Schrift.

1454. Die Badende. D. Dominichino p. gr. fol. Mit Nadelschrift.
1455. Dasselbe, im vorzüglichem Abdruck, vor aller Schrift.

C. van Boeckel.

1456. Die Verspottung Christi. A. van Dyck inv. fol. Mit einem Riss.

C. F. Boëtius.

1457. Die Söhne von P. P. Rubens. A. van Dyck p. Dresdener Gallerie. fol. Vor aller Schrift. Fleckig.

B. à Bolswert.

1458. Das Urtheil Salomo's. P. P. Rubens p. gr. qu. fol. Alter Abdruck.

S. à Bolswert.

1459. Die eherne Schlange. P. P. Rubens p. gr. qu. fol. Ein Hauptblatt in zweiten Druck mit Huberti's Adr.
1460. Die Anbetung der heil. drei Könige. Idem p. fol. Zweiter Abdruck mit der Adresse von G. Hendricx.
1461. Die heil. Jungfrau von St. Anna im Lesen unterrichtet. Idem p. fol. Ebenso.
1462. Maria mit dem Kinde am Brunnen. Idem p. fol. Zweiter schöner Abdruck mit dem gelöschtem et excud.
1463. Der wunderbare Fischzug. Idem p. Drei nicht zusammengefügte Blätter. qu. roy. fol. Guter Abdruck, dieses Hauptblattes.
1464. Der Apostel findet den Stater im Maul des Fisches. Idem p. qu. fol. Ohne Adresse.
1465. Die Himmelfahrt der heiligen Jungfrau. Idem p. gr. fol. Sehr schöner erster Abdruck mit der Adresse von M. van den Enden. Etwas stockfleckig.
1466. Die vier Evangelisten. Idem p. gr. fol. Schöner früher Abdruck, mit Lauwer's Adresse. Etwas brüchig.
1467. Die Landschaft mit dem Bauernknecht zu Pferd vorn im Wasser. Idem p. gr. qu. fol. Zweiter Abdruck mit G. Hendricx's Adresse.
1468. Die heilige Jungfrau mit der heil. Katharina. A. van Dyck inv. fol.
1469. Der trunkene Silen. Idem p. fol. Zweiter Abdruck, mit C. Galle's Adresse. Etwas ausgebessert.

J. Callot.

1470. 5 Bl. Küstengegenden und Stadtansicht. qu. fol. Nach ihm.

F. Chereau.

1471. Andr. Herc. de Fleury, Bischof von Frejus. Brustbild in Oval. H. Rigaud p. fol.

J. Chevillet.

1472. Le Charme de la Musique. L. de la Hyre p. fol. Vor aller Schrift.

P. Clouet.

1473. Die Abnehmung Christi vom Kreuz. P. P. Rubens p. gr. fol. Guter Abdruck.

C. van Dalen.

1474. Seb. del Piombo oder Campanella. Brustbild. Tizian p. Cab. de Reynst. fol. Mit F. de Wit's Adresse.

1475. Dasselbe vorzügliche Blatt, im ersten, sehr schönen Abdruck, vor der Schrift.

1476. Joh. Boccaccio. Brustbild mit Buch. Idem p. fol. Mit Blooteling's Adresse.

1477. Giorgione da Castelfranco, Maler. Brustbild. Idem p. fol. Ebenso.

1478. Pet. Aretin. Halbfigur mit Buch. Idem p. fol. Guter zweiter Abdruck mit dem Namen Arentyn.

1479. Dasselbe.

V. Desclaux.

1480. Le Hallebardier. J. B. Meissonier p. 4. Chines. Papier.

N. Dorigny.

1481. Maria auf dem Thron von Heiligen umgeben. C. Maratti p. fol.

P. Drevet.

1482. Guill. Cardinal Dubois, Erzbischof. Kniestück. H. Rigaud p. fol. Schöner Abdruck.

Ch. Dupuis.

1483. Nic. de Largilliere, Maler. Brustbild in Oval. E. Geulain p. fol.

G. Ehinger.

1484. 4 Bl. Diogenes, die Hexe zu Endor, der Philosoph. J. H. Schönfeld del. fol.

R. Earlom.

1485. Der Triumph des Mardochai. G. van den Eeckhout p. Schwarzkunst, wie die Folgenden. gr. qu.
fol. Mit Nadelschrift.

1486. Susanna und die beiden Alten. Rembrandt p. gr.
qu. fol.

1487. Die Hölle. D. Teniers p. gr. qu. fol. Vorzüglicher Abdruck vor dem lateinischen Motto.
Aus Börner's Sammlung.

1488. Das Bacchanal. P. P. Rubens p. gr. qu. fol.

1489. Das Vogelconcert. Mario di Fiori p. gr. qu. fol.

J. Falck.

1490. Semiramis und der Knecht. F. Guercino p. Cabinet de Reynst. qu. fol. Schöner Abdruck.

E. Ficquet.

1491. 3 Bl. Bildnisse des J. B. Rousseau, J. Crebillon und
F. de la Mothe, nach Aved und R. Nanteuil. 8.

P. Filloeul.

1492. 2 Bl. La Matrone d'Ephese, und La Conversation
interessante. J. B. Pater p. fol. qu. fol. Aufgezogen und ohne Plattenrand.

P. Fontana.

1493. Amor und Psyche. Casanova inv. qu. fol.

J. François.

1494. Die ruhende Pilgerfamilie. P. Delaroche p. Gall.
Raczinski. qu. fol. Schöner Abdruck, vor der
Schrift und auf Chines. Papier.

G. Garavaglia.

1495. Das Jesuskind vom kleinen Johannes und zwei Che-
rubim verehrt. C. Maratti p. qu. fol. Vorzüglicher Abdruck vor aller Schrift.

F. Garnier.

1496. La Vierge aux Balances. Leon. da Vinci p. fol.
Schöner Abdruck.

1497. Dasselbe schöne Blatt mit dem Stempel des Ver-
legers.

C. Geyer.

1498. Der Spaziergang. A. von Ramberg p. Münchener
Kunstvereinsblatt. gr. qu. fol. Chines. Papier.

V. Green.
1499. A Philosoph shewing an Experiment on the Air Pump. J. Wright p. Schwarzkunst. gr. qu. fol. Schöner Abdruck.

P. van Gunst.
1500. 9 Bl. der englischen Schönheiten am Hofe Karl's I. A. van Dyck p. gr. fol. Schöne Abdrücke.

J. Heath.
1501. Three Soldiers. S. Rosa p. fol.

A. Hoffmann.
1502. Die heilige Familie, genannt die Madonna mit dem Becken. G. Romano p. Dresdener Gallerie. gr. fol. Schöner Abdruck.

W. Hogarth.
1503. 6 Bl. Das Leben einer Buhlerin. qu. fol. Alte gute Abdrücke.

W. Hollar.
1504. Der junge schlafende Herkules. F. Parmeggiano inv. 4. Parthey 275. Späterer Abdruck der beschnittenen Platte.
1505. Sitzende Nymphe der Diana. P. van Avont inv. fol. Die Figur von P. Pontius. P. 276. Späterer Abdruck.
1506. Landschaft mit dem Bettler. J. van Artois p. qu. fol. P. 1211. Zweiter Abdruck ohne die Jahreszahl.
1507. Die Steinbrücke. A. Elzheimer inv. qu. fol. B. 1222. Guter Abdruck.
1508. Bei Regensburg. schm. qu. 8. P. 882.
1509. Willebroek bei Boom. J. Breughel inv. qu. fol. B. 901. Zweiter Abdruck mit C. Galle's Adresse.
1510. Liegender Hirsch, nach A. Dürer. qu. 8. B. 2092.

Chr. Jegher.
1511. Susanna und die beiden Alten. P. P. Rubens del. Holzschnitt. gr. qu. fol. Einige Risse unterlegt.

A. de Jode.
1512. Die büssende Magdalena. A. van Dyck p. fol. Etwas beschädigt am Rand.

P. de Jode.
1513. Die Geburt Christi oder Anbetung der Hirten. J. Jordaens p. gr. qu fol. Schöner Abdruck.

1514. Die heilige Familie mit der Wiege. A. van Diepenbeck inv. qu. fol.

1515. Der verlorene Sohn bei den Schweinen. A. van
Nieulant inv. fol.

1516. 2 Bl. König Karl I. von England, und dessen Gemahlin. Kniestücke. A. van Dyck p. gr. fol.

F. Keller.

1517. Regina Coeli. E. Deger inv. fol.

Th. van Kessel.

1518. 2 Bl. Seegötter, und Satyr. P. P. Rubens inv.
qu. fol.

P. Laurent.

1519. Bergige Landschaft mit Heerde. J. P. Loutherbourg p. qu. fol. Ohne Plattenrand.

C. Lauwers.

1520. Die Kirchenväter und St. Clara. P. P. Rubens p.
gr. fol.

P. Lépicié.

1521. Nic. Bertin, Maler. Halbfigur mit Palette. J. de
Lien p. fol.

H. Leutemann.

1522. Die trauernde Löwin. In Holz geschnitten von J. G.
Flegel. gr. qu. fol.

1523. Dasselbe.

J. Levasseur.

1524. Villanella. Eine strickende Römerin. Ch. Jala-
bert p. fol. Chines. Papier.

F. Lignon.

1525. N. Poussin, Maler. Se ipse p. fol. Andresen, Nic.
Poussin. No. VI.

P. Lombart.

1526. 12 Bl. Die Gräfinnen des A. van Dyck, oder die
schöne Folge der vornehmen Engländerinnen am Hofe
Karl's I., nach Gemälden des A. van Dyck. fol.
Schöne Abdrücke. Der Rand zum Theil angesetzt.

E. Mandel.

1527. Die Procidanerin mit Kind, am Kahne sitzend. L.
Robert p. fol. Sehr schöner Abdruck, vor
der Schrift, auf Chines. Papier.

Achille Martinet.

1528. Maria in der Einöde. P. Delaroche p. fol.
Schöner Abdruck auf Chines. Papier.

A. Masson.

1529. G. de Brisacier. M. Mignard p. fol. Rob.-Dum. 15.
Ein Hauptblatt. Grau.

1530. Em. Theod. de la Tour d'Auvergne, Cardinal. Idem p.
fol. R.-D. 14. Schöner erster Abdruck. Ein
Riss unterlegt und etwas fleckig.

Th. Matham.

1531. Die heilige Familie in einer Landschaft. Joach.
von Sandrart p. qu. fol. Ohne Plattenrand und
fleckig.

H. Merz.

1532. Die Unschuld. J. Leeb inv. fol.

J. Metzmacher.

1533. La Vierge au Linge. Raphael p. 4.

R. Morghen.

1534. L. Ariosto. Brustbild. P. Ermini del. fol. Grau
und faltig.

1535. Franz de Moncada. Ganze Figur zu Pferde. A. van
Dyck p. gr. fol. Vor der Retouche, aber stockfleckig.

J. G. v. Müller.

1536. J. G. Wille, Kupferstecher. Brustbild. J. B. Greuze
p. fol.

J. Murphy.

1537. König Hiram sendet Geschenke an König Salomo.
G. van den Eeckhout p. Schwarzkunst. qu. roy.
fol. Mit offener Schrift.

R. Nanteuil.

1538. Ludwig XIV. im Hermelinmantel. 1662. gr. fol. Rob.-
Dum. 153. Schöner erster Abdruck, vor der
Ueberarbeitung. Mit einigen kleinen Flecken.

1539. Christina Königin von Schweden. S. Bourdon p.
fol. R.-D. 67. Schöner Abdruck.

1540. Ch. M. Le Tellier, Erzbischof von Rheims. gr. fol.
R.-D. 141. Schöner erster Abdruck, vor der
Ueberarbeitung.

1541. J. Louis d'Orleans, Graf von Dunois. L. Ferdinand p. fol. R.-D. 36. Schöner Abdruck.
1542. P. Poncet. fol. R.-D. 215. Schöner erster Abdruck.
1543. F. Th. de Nesmond. fol. R.-D. 201.

M. Natalis.
1544. Jacob Catz. Halbfigur. J. Dubordieu p. fol.

E. Neureuther.
1545. Des Pfarrers Tochter zu Taubenhain. Radirt. Mit Bürger's Gedicht. fol.

A. Perfetti.
1546. Die Darstellung im Tempel. Fra Bartolomeo di S. Marco p. fol. Schöner Abdruck mit Nadelschrift. An den Seiten bis nahe zur Platte beschnitten.

P. Perret.
1547. Die Laocoonstatue nach der Antike. fol.

F. Pigeot u. Lacour.
1548. Holländisches Wohnzimmer mit junger Frau u. Kindsmädchen bei der Wiege oder Le Ménage hollandais. G. Dow p. roy. fol. Schöner Abdruck vor der Schrift, nur mit den Künstlernamen und auf Chines. Papier.

F. de Poilly.
1549. Die heilige Familie mit der Wiege. Raphael p. fol. Schöner erster Abdruck. Ohne Plattenrand und aufgezogen.
1550. 4 Bl. Halbfiguren junger Frauen, nach Bonnart, Santerre u. Courtin, mit G. Chasteau gestochen. 4.

P. Pontius.
1551. Susanna und die beiden Alten. P. P. Rubens p. fol. Guter alter Abdruck, wie die Folgenden. Aus Mariette's Sammlung.
1552. Die Darstellung im Tempel. Idem p. gr. fol. Schöner erster Druck dieses Capitalblattes. Die Ecken ausgebessert.
1553. Die Kreuztragung. Idem p. gr. fol. Späterer Abdruck.
1554. Die Geisselung Christi. Idem p. fol. Mit G. Hendricx's Adresse.

1555. Die Ausgiessung des heiligen Geistes. Idem p. gr. fol. Mit einer Druckfalte.

1556. St. Rochus und die Pestkranken. Idem p. gr. fol.

1557. Dasselbe, bis zur Platte beschnitten.

1558. Der Bohnenkönig. J. Jordaens p. gr. qu. fol. Guter späterer Abdruck.

1559. Dasselbe. Ebenso.

1560. Dasselbe. Gegenseitige Copie mit D. Danckerts' Adresse.

1561. Joh. de Heem. Halbfigur. J. Livens p. fol. Sehr schöner erster Abdruck mit M. van den Enden's Adresse.

1562. Franz Thomas Fürst von Savoyen, Kniestück in Rüstung. A. van Dyck p. fol. Mit G. Hendricx's Adresse.

1563. Isabella Clara Eugenia, Infantin von Spanien, als Nonne. P. P. Rubens p. gr. fol.

1564. Jacq. Roelans, Postmeister, Kniestück im Sessel. Th. Willeborts p. fol. Seltener Abdruck, vor der Schrift.

J. G. Prestel.

1565. Die Himmelfahrt der heil. Jungfrau, nach einer Handzeichnung des G. Reni. Aquatinta, wie die Folgenden. Cabin. Praun. roy. fol.

1566. St. Joseph mit dem Jesuskinde. G. Reni p. roy. fol.

1567. Das Urtheil Salomo's. A. van der Werff p. roy. fol.

1568. Herodias empfängt das Haupt des Johannes. F. Guercino p. qu. roy. fol.

1569. Götz von Berlichingen im Gefängniss. J. H. W. Tischbein p. (Susemiehl sc.) qu. roy. fol.

1570. Der Sturm. A. Cuyp p. gr. qu. fol. Abdruck in Farben.

1571. Winterlandschaft mit Stadt und Schlittschuhläufer. Qu. van Breckelencamp p. gr. fol. Ebenso.

M. C. Prestel.

1572. Johannes der Täufer nimmt von seinen Verwandten Abschied, nach Polidoro's Handzeichnung. Aquatinta. Cabinet Praun. qu. fol.

J. Th. Richomme.

1573. Adam und Eva oder der Sündenfall, nach Raphael's Fresko. fol. Guter Abdruck.

J. E. Ridinger.

1574. 5 Bl. Die Folge der zahmen und wilden Vögel und Krähen-, Elstern- und Raben-Hütte. fol. qu. fol.

N. Ryckemans.

1575. Die Anbetung der heil. drei Könige. P. P. Rubens p. gr. fol. Mit Huberti's Adresse. Mit einer Druckfalte.

H. T. Ryall.

1576. Kopf eines Hundes zwischen Schilf. E. Landseer p. Radirt. fol. Chines. Papier.

G. F. Schmidt.

1577. Louis de la Tour d'Auvergne. II. Rigaud p. fol. Jacoby 42. Sehr schöner alter Abdruck.

1578. Brustbild eines Greises. Rembrandt p. Radirt, wie die Folgenden. 4. J. 121.

1579. Brustbild eines jungen Mannes. G. Flinck p. Oval. 4. J. 125. Grau.

1580. Das Mädchen mit dem Mops. G. Flinck p. Oval. 4. J. 126.

1581. Der Meister selbst, mit der Spinne im Fenster. fol. J. 141. Grau.

P. van Schuppen.

1582. Ludwig XIV., König von Frankreich. Brustbild in Oval. N. Mignard p. fol.

1583. Derselbe, grosses Brustbild in einem Kranz. P. Mignard p. gr. fol.

P. Soutman.

1584. Das Abendmahl des Herrn, nach Leon. da Vinci's Bild gezeichnet von P. P. Rubens. Radirt, wie das Folgende. 2 Bl. qu. roy. fol. Späterer Abdruck.

1585. Die Niederlage Sanherib's durch den Würgengel. P. P. Rubens p. qu. fol.

A. Stock.

1586. Das Opfer Abraham's. P. P. Rubens p. fol. Dritter Abdruck mit Hondius' Adresse.

R. Strange.

1587. Der blinde Belisar. S. Rosa p. gr. fol. Le Bl. 25. Schöner Abdruck.

1588. Die nackte Venus auf dem Ruhebett. Titian p. qu. fol. Le Bl. 27.

1589. König Karl I. von England und der Herzog von Hamilton. A. van Dyck p. roy. fol. Le Bl. 45. Ein Hauptblatt.

1590. Henriette Maria, Königin von England, mit ihren Kindern. Gegenstück zum Vorigen. Idem p. roy. fol. Le Bl. 48. Sehr schöner und seltener erster Abdruck vor aller Schrift. Aus Desbois' Sammlung. Im breiten Papierrand etwas fleckig.

L. Surugue.

1591. 13 Bl. aus der Geschichte des Don Quixote. C. Coypel p. qu. fol.

J. Suyderhoef.

1592. E. Swalm. Rembrandt p. fol. Wussin 84. Erster Abdruck mit P. Goos' Adresse. Etwas fleckig.

W. Swanenburg.

1593. Christus zu Emaus. P. P. Rubens p. qu. fol.

P. Tanjé.

1594. La fausse Vertu. C. Troost p. fol. Aufgezogen u. fleckig.

J. Thevenin.

1595. L'enfant charitable. Ary Scheffer p. fol. Schöner Abdruck, auf Chines. Papier.

P. Toschi.

1596. Die Kreuztragung Christi, genannt Lo Spasimo di Sicilia. Raphael p. roy. fol. Seltener, noch wenig vollendeter Probedruck dieses Hauptblattes.

A. Trouvain.

1597. J. Jouvenet, Maler. Halbfigur mit Palette. Se ipse p. qu. fol.

G. Valck.

1598. Der Hühnerhof. M. Hondekoeter inv. Schwarzkunst. qu. fol. Ausgebessert.

C. Visscher.

1599. Gellius de Bouma. Kniestück im Sessel. fol. Mit Covens' und Mortier's Adresse.

1600. Dasselbe. Ebenso.

1601. Dasselbe. Diese Adresse zugelegt.

A. Voet.

1602. Cimon und Pero. P. P. Rubens p. qu. fol. Guter Abdruck.

1603. Satyr und Satyrin mit Fruchtkorb. Idem p. gr. qu. fol.

L. Vorsterman.

1604. Susanna und die beiden Alten. P. P. Rubens p. fol.

1605. Die Anbetung der Weisen mit der Fackel. Idem p. gr. fol. Alter Abdruck, aber fleckig u. beschnitten.

1606. Die grosse Anbetung der Könige. Idem p. In zwei zusammengefügten Bl. qu. roy. fol. Ebenso.

1607. Christus an der Martersäule. G. Seghers inv. fol. Schöner Abdruck.

1608. Rathsherr N. Rockocxius. Kniestück im Sessel. A. van Dyck p. fol. Erster Abdruck, vor dem Wappen etc. Der Unterrand abgeschnitten.

1609. Graf Arundel mit seiner Gemahlin. A. van Dyck p. qu. fol. Abgeschnitten.

C. Waumans.

1610. Die Flucht nach Egypten. A. van Diepenbeck del. fol. Schöner Abdruck.

J. G. Wille.

1611. Les Offres réciproques. C. W. E. Dietrich p. fol. Le Blanc 53. Schöner alter Abdruck, wie die Folgenden.

1612. La Divideuse. G. Dow p. fol. Le Bl. 61. Zweiter Abdruck mit dem Wappen.

1613. La Liseuse. Idem p. fol. Le Bl. 62. Zweiter Abdruck mit der Dedication.

1614. La Ménagère hollandoise. Idem p. 4. Le Bl. 63.

1615. Tricoteuse hollandoise. F. Mieris p. fol. Le Bl. 64.

1616. Dasselbe. Gebräunt.

1617. L'Observateur distrait. Idem p. fol. Le Bl. 65.

1618. Le petit Physicien. C. Netscher p. fol. Le Bl. 66.

1619. Dasselbe.

1620. Le Maréchal des Logis. P. A. Wille p. gr. fol. Le Bl. 14. Dritter seltener Abdruck, nur mit dem Titel und den Künstlernamen.

1621. 18 Bl. von den Variétés de Gravures. Le Bl. 15—51. qu. 4. qu. 8.

1622. 12 Bl. Reitres et Lansquenets. C. Parrocel inv. 4. Le Bl. 74 – 85. Späte Abdrücke mit zugelegter Titelschrift und diese Stelle mit Linien ausgefüllt.

1623. Louis Phelypeaux Comte de Saint Florentin. L. Tocqué p. fol. Le Bl. 124. Schöner Abdruck. Bis zum Plattenrand beschnitten.

1624. Abel Franz Poisson Marquis de Marigny. Idem p. gr. fol. Le Bl. 125. Seltener vierter Abdruck, vor der Anzeige der Aufnahme in die Akademie. Gebräunt.

1625. J. Parrocel. H. Rigaud p. fol. Le Bl. 128.

1626. Friedrich II., König von Preussen. A. Pesne p. fol. Le Bl. 151.

1627. Dasselbe. Neuer Abdruck.

1628. Karl Friedrich, Markgraf von Baden. J. F. Guillibaud p. fol. Le Bl. 156.

J. Witdoeck.

1629. Maria mit dem Kinde. P. P. Rubens p. Oval. fol.

1630. Die Grablegung Christi. Idem p. gr. qu. fol.

Convolut.

1631. 34 Bl. Figürliche Darstellungen ohne weitern Werth. fol. qu. fol.

Radirungen und Originalstiche.

J. van Aken.

1632. Der Mann mit dem Packet auf dem Rücken. Rheinlandschaft. H. Saftleven inv. qu. fol. B. 19. Alter Abdruck.

H. Aldegrever.

1633. Adam bei dem Löwen. 8. B. 11. Guter Abdruck, scharf beschnitten.

1634. 4 Bl. Die Geschichte des Lot. 8. B. 14—17. 2 Bl. aufgezogen.

1635. Ornament. qu. 8. B. 222.

L. Bakhuizen.

1636. 5 Bl. der Folge der Marinen. B. 3. 6—9. qu. fol. Gute Abdrücke.

C. Bega.

1637. Die alte Wirthin. 4. B. 32. Alter Abdruck, vor der Adr.

H. S. Beham.

1638. 12 Bl. Die Thaten des Herkules. qu. 8. B. 96—107. Ziemlich gute Abdrücke.

1639. Der Bauer mit der Mistgabel. 12. B. 188. Guter Abdruck.

J. F. Beich.

1640. 5 Bl. Landschaften aus zwei Folgen. fol. 4.

N. Berghem.

1641. Der Hirt bei dem Brunnen. fol. B. 8. Alter Abdruck, wie die Folgenden. Mit J. Danckerts' Adresse. Etwas fleckig.

1642. Die ruhende Heerde. fol. B. 10.

1643. Dasselbe.

1644. Die durch den Fluss gehende Heerde. fol. B. 12. Die Adresse ausradirt.

1645. 8 Bl. Die Schaafe in Landschaften. 4. B. 41—48. Spätere Abdrücke nach der Nummer u. der Adresse.

1646. Kopf eines Ziegenbocks. 8. B. 18.

G. Bleker.

1647. Der Engel verheisst Abraham einen Sohn. B. 1. qu. fol. Mit einem Oelfleck.

J. Both.

1648. 4 Bl. Die Landschaften in die Höhe. fol. B. 1—4. Dritte Abdrücke mit Matham's Adresse, vor der Nummer. Schön und selten, eins verschnitten.

1649. 4 Bl. Dieselben. Mit gelöschter Adresse.

1650. Die Frau auf dem Maulthier. fol. B. 1. Mit Mariette's Adresse.

1651. Der grosse Baum. fol. B. 3. Nach der Adresse.

1652. 5 Bl. der Landschaften in die Breite. B. 5—10. Spätere zweite Abdrücke.

1653. 2 Bl. der vorigen. B. 6. 7. Aeltere zweite Abdrücke.

1654. 5 Bl. Die Sinne. A. Both inv. fol. B. 11—15. Dritte gute Abdrücke mit F. de Wit's Adresse. 2 Bl. etwas ölfleckig.

P. Bout.

1655. Der Fischmarkt. qu. fol. B. 1. Schöner Abdruck.

1656. Die Schlittschuhläufer. qu. fol. B. 2. Ebenso, aber etwas beschmutzt.

1657. Die Jäger. qu. fol. B. 4. Schöner Abdruck.

M. de Bye.

1658. 8 Bl. Die Kühe. P. Potter inv. qu. 4. B. 17—24. Alte zweite Abdrücke, mit N. Visscher's Adresse.

A. Canale.

1659. 2 Bl. Ansichten bei Venedig. qu. fol.

G. B. Castiglione.

1660. Die Flucht nach Egypten. fol. B. 12. Späterer Abdruck mit zugelegten Rissen.

L. Cranach.

1661. Die Busse des heil. Chrysostomus. fol. Schuchardt 1.

A. Cuyp.

1662. 7 Bl. Die Kühe, mit dem Titel. qu. 8.

A. Dürer.

1663. Adam und Eva. fol. B. 1. Copie von H. Wierx in schönem Abdruck.

1664. 3 Bl. Die säugende Maria, Maria am Fusse des Baumes, und Christus am Kreuz. B. 34. 41. Copien von H. Wierx in schönen Abdrücken.

1665. St. Simon. 8. B. 49. Schöner Abdruck.

1666. St. Paulus. 8. B. 50. Ebenso.

1667. St. Christoph. 8. B. 51. Ebenso.

1668. St. Genovefa. fol. B. 63. Guter alter Abdruck, aber scharf beschnitten und ein Wurmloch unterlegt.

1669. Studium von fünf Figuren. Geätzt. fol. B. 70. Alter Abdruck.

1670. Die Entführung. Geätzt. fol. B. 72. Schöner alter Abdruck.

1671. Der Traum. fol. Schöner Abdruck mit Rand, aus Ackermann's Sammlung.

1672. Dasselbe. Guter Abdruck.

1673. Die Gerechtigkeit. 8. B. 74. Schöner Abdruck. Etwas unrein.

1674. Die Dame zu Pferd. 8. B. 82. Schöner Abdruck.

1675. Der Herr und die Dame. fol. B. 94. Ebenso.

1676. Die Kanone. Geätzt. qu. fol. B. 99. Guter Abdruck.

1677. Der nackte Greis und die junge Frau. 4. B. 92. Schöner Abdruck dieses sehr seltenen Blattes.
1678. Kaiser Maximilian I. Holzschnitt. gr. fol. B. 153. Guter späterer Abdruck.

C. Dusart.

1679. Das betrunkene Bauernpaar. 4. B. 7. Alter Abdruck.
1680. Der Schuhflicker. fol. B. 14. Guter Abdruck, nach der Adresse.

A. van Everdingen.

1681. 4 Bl. Landschaften in Quart. B. 17—20. Gute zweite Abdrücke und eins vor den hinzugefügten Lüften.

J. Fyt.

1682. Die beiden sich begattenden Hunde. qu. fol. B. 14. Guter alter Abdruck.

H. Goltzius.

1683. Judith mit dem Haupt des Holofernes. B. Spranger inv. Rund 4. B. 272.
1684. Die heilige Familie. Idem inv. fol. B. 275.

L. E. Grimm.

1685. Phil. Melanchthon. L. Cranach p. fol.

W. Hollar.

1686. 10 Bl. der holländischen Schiffe. qu. fol. Parthey 1261—72. In einer Parthey unbekannten Abdrucksgattung mit F. de Wit's Adresse.

P. V. H.

1687. Der Kettenhund. qu. 4. B. 9. Zweiter Abdruck mit N. Visscher's Adresse.

J. Jordaens.

1688. Die Erziehung des Jupiter. qu. fol. Erster Abdruck, vor Blooteling's Adresse.

P. de Laer.

1689. 6 Bl. Die Pferde. qu. 8. B. 9—14. Alte Abdrücke, angeblich aus de Graafe's Sammlung.

G. Lairesse.

1690. 7 Bl. Die Liebschaften der Götter. qu. 4.

Luc. van Leyden.

1691. Der Sündenfall. qu. fol. B. 10. Schöner Abdruck.
1692. Die Dornenkrönung. 4. Ebenso. Der Rand angesetzt und etwas eingetuscht.

J. Livens.

1693. Die beiden Kartenspieler und der Tod. qu. fol. B. 11. Zweiter Abdruck mit Wyngaerde's Adresse.

Cl. Lorrain.

1694. Der Seehafen mit dem Zeichner. qu. 4. Rob.-D. 9. Guter Abdruck, mit der Nummer.
1695. Der Sonnenuntergang. qu. fol. R.-D. 15. Späterer Abdruck.

C. Maratti.

1696. Maria besucht Elisabeth. fol. B. 3. Seltener Abdruck vor der Schrift.
1697. Die Flucht nach Egypten. fol. Aus der Schule des Maratti.

H. Mauperché.

1698. Das Wunder des Heiligen. H. van Swanevelt inv. qu. fol. R.-D. 26. Erster Abdruck.

J. de Moucheron.

1699. 5 Bl. Die Landschaften nach C. Poussin. qu. fol. fol.

J. Morin.

1700. Honorine Gräfin von Grimberghe. fol. R.-D. 55.

A. van Ostade.
Gute, meist alte Abdrücke.

1701. Der Bauer mit der spitzen Mütze. 8. B. 3. Alter Abdruck, vor der Retouche.
1702. Der lachende Raucher. 4. B. 6.
1703. Der alte Leiermann. 4. B. 8. in seltenem Abdruck, vor der Correction des Umrisses der rechten Schulter.
1704. Dasselbe. Ebenso.
1705. Dasselbe. Mit der Correction.
1706. Dasselbe. Ebenso.
1707. Der Bauer in der Thür. 4. B. 9.
1708. Dasselbe.
1709. Dasselbe.
1710. Dasselbe.

1711. Dasselbe. Etwas eingetuscht.
1712. Der Bauer im Fenster. 4. B. 10.
1713. Der zärtliche Alte. 4. B. 11. Neuer Abdruck.
1714. Der leere Krug. 4. B. 15.
1715. Dasselbe. Vor verschiedenen Ueberarbei-
tungen.
1716. Das nach der Puppe verlangende Kind. 4. B. 15.
1717. Dasselbe.
1718. Dasselbe.
1719. Die Sänger. fol. B. 19. Schöner Abdruck.
1720. Dasselbe, vor dem Stichelglitscher an der Nase und
den Kreislinien an der Mütze des hinter dem Sänger
stehenden Mannes.
1721. Die Hasplerin an der Hausthür. 4. B. 25. Neuer
Abdruck.
1722. Der Brillenhändler. 4. B. 29. Vor späteren Retouchen.
1723. Dasselbe. Mit denselben.
1724. Dasselbe, matter.
1725. Dasselbe. Neuer Druck.
1726. Die Spinnerin am Hause. qu. 4. B. 31.
1727. Das Tischgebet. 4. B. 34.
1728. Dasselbe. Vor verschiedenen Ueberarbei-
tungen.
1729. Die wandernden Musikanten. 4. B. 38.
1730. Dasselbe.
1731. Dasselbe.
1732. Dasselbe. Mit den letzten Retouchen.
1733. Die Trictracspieler. 4. B. 38. Vor den Retouchen.
1734. Dasselbe. Mit denselben.
1735. Dasselbe.
1736. Dasselbe. Neuerer Abdruck.
1737. Die beiden alten Frau Basen. 4. B. 40.
1738. Dasselbe.
1739. Dasselbe.
1740. Der Bauer welcher die Wirthin bezahlt. 4. B. 42.
1741. Dasselbe, vor den lothrechten Strichen unter
dem Sessel bei der Wirthin.
1742. Dasselbe, vor der Ueberarbeitung des Kamins
1743. Dasselbe. Ebenso.
1744. Die Bauernfamilie beim Mittagsmahl. 4. B. 46. Der
Rand angesetzt.

1745. Das Schweinschlachten. Rund. 4. B. 41.
1746. Dasselbe.
1747. Dasselbe. Letzter Abdruck.
1748. Die Fischer. qu. 8. B. 26. Erster Abdruck, mit der schwachen Bordüre.
1749. Dasselbe, mit der verstärkten Bordüre.
1750. Die Scheune. qu. 4. B. 23.
1751. Dasselbe, mit der weissen Stelle am Rücken des Mannes.
1752. Der pissende Bauer. 8. Zweifelhaft.

Rembrandt.
1753. Rembrandt mit der Schürze. 4. B. 17. Guter Abdruck.
1754. Abraham und Isaak. 4. B. 34. Späterer Abdruck.
1755. Der Engel verschwindet vor der Familie des Tobias. qu. 4. Guter Abdruck.
1756. Die Anbetung der Hirten. qu. fol. B. 46. Ebenso.
1757. Christus treibt die Wechsler aus dem Tempel. qu. 4. B. 69. Ebenso.
1758. Das Hundertguldenblatt. qu. fol. B. 74. Alter Druck, vor der Retouche, von Baillie. Aus Weber's Sammlung.
1759. Dasselbe. Verkleinerte Copie in Photographie.
1760. Dasselbe. Ebenso.
1761. Dasselbe.
1762. Die Rückkehr des verlorenen Sohnes. 4. B. 91.
1763. Steinigung des St. Stephanus. 4. B. 97.
1764. Tod der heiligen Jungfrau. fol. B. 99. Matt.
1765. Die Badenden. qu. 8. B. 195. Alter Abdruck.
1766. Venus im Bade. 4. B. 201. Ebenso.

J. H. Roos.
1767. Das Schaaf und der Widder. qu. 4. B. 2. Selten.
1768. Das schlafende Schaaf. qu. 4. B. 8. Ebenso.
1769. 4 Bl. der Folge der Thiere. 4. B. 19. 20. 22. 26. Abdrücke nach der Adresse.
1770. Der Esel bei den Schaafen. 4. B. 28.
1771. Die Hirtin. fol. B. 31. Sehr selten, sehr schöner Abdruck, auf Schellenpapier.

P. P. Rubens.
1772. St. Magdalena. 8.
1773. St. Katharina auf Gewölk. fol. Schöner Abdruck, aus Woodburn's Sammlung, etwas verschnitten.

1774. Dasselbe, Capitalblatt in schönem Abdruck, mit kleiner Restauration.
1775. Stigmatisation des heil. Franciscus. 8.
1776. Die Alte mit dem Armkorb und Licht. fol. Schöner Abdruck.

J. Ruysdael.

1777. Die kleine Brücke. qu. fol. B. 1. Späterer Abdruck.
1778. Die Hütte auf dem Hügel. qu. fol. B. 3. Ebenso.
1779. Das Kornfeld am Gehölz. qu. 8. B. 5. Die Adresse zugelegt.
1780. Der Weg durch den Wald. Nach einer Zeichnung Ruysdael's von Blery 1851 radirt. qu. fol. Chines. Papier.

J. Saenredam.

1781. 3 Bl. Ceres, Venus und Bacchus. H. Goltzius inv. fol. B. 65—67.

M. Schön.

1782. Die Dornenkrönung. 4. B. 13. Fleckig.

D. Stoop.

1783. Das Pferd am Futtertrog. qu. 4. B. 11. Seltener erster Abdruck.

H. van Swanevelt.

1784. 24 Bl. Die Folge der Variae Campestrum Fantasiae. B. 1—24. qu. 8. Selten. Scharf beschnitten.
1785. 6 Bl. der Folge der römischen Ansichten. qu. 8. B. 37. 40. 43. 44. 46. 48.
1786. 12 Bl. Die Folge der Landschaften mit Gebäuden. qu. fol. B. 83—94. Erste Abdrücke, mit des Meisters Adresse. 1 Bl. faltig.
1787. Die Dame mit dem Parasol. qu. 8. B. 85. Erster Abdruck.
1788. 3 Bl. der Folge der Büssenden. qu. fol. B. 107. 108. 110. Gute zweite Abdrücke, mit Bonnart's Adresse. 1 Bl. oben am Rand etwas beschädigt.
1789. Bileam's Esel. qu. fol. B. 111. Dritter Abdruck mit Audran's Adresse.
1790. Dasselbe. Vierter Abdruck, mit Mariette's Adresse, aber vor der No. 2.
1791. Dasselbe. Fünfter Abdruck mit dieser Nummer.

1792. Dasselbe. Sechster Abdruck mit Poilly's Adresse.

1793. 4 Bl. Die Landschaften in die Höhe. fol. B. 112 —115. Erste Abdrücke, mit der Adresse des Meisters, bis auf No. 112, welches nach der Adresse ist.

1794. 2 Bl. Die zweifelhaften Landschaften. qu. fol. B. p. 320. 1. 2. Alte Abdrücke, mit Mariette's Adresse.

1795. Verschiedene Landschaften. fol. qu. fol. Beschädigt oder spätere Abdrücke.

D. Teniers.

1796. Der Bauerntanz. qu. fol. Rigal 1. Späterer Abdruck.

1797. Kegel spielende Bauern. qu. fol. R. 38. Zweiter Druck mit Wyngaerde's Adresse.

1798. Der Bauer mit langem Stock. 4. R. 25.

A. H. Verboom.

1799. Die ebene Landschaft mit dem Wasser. qu. 4. B. 2. Späterer Abdruck.

G. de Vivier.

1800. Die Versuchung des heil. Antonius. A. van Heuvel inv. fol. Rob.-Dum. 3. Alter Abdruck.

Cl. Vignon.

1801. Johannes predigt in der Wüste. fol. R.-D. 17.

S. de Vlieger.

1802. Das Gehölz am Kanal. qu. 4. B. 6.

1803. Der bewachsene Berg. qu. 4. B. 7.

1804. Dasselbe. Aufgeätzt.

J. G. van Vliet.

1805. Der Geschmack. fol. B. 27. Schöner Abdruck.

A. Waterloo.

1806. Die beiden Fischer. qu. 8. B. 13. Späterer Abdruck. Ein Riss unterlegt.

1807. Dasselbe. Vor den perpendikulären Contretaillen am Hund.

1808. 6 Bl. Die Landschaftsfolge. B. 59—64. qu. 4. Alte Abdrücke, mit breitem Papierrand.

1809. Der eingeschlafene Hirt. qu. fol. B. 118. Die Nummer ausgekratzt.

1810. 2 Bl. Der aus dem Fluss saufende Hund und die kleine Brücke im Gehölz. fol. B. 120. 124.

1811. 2 Bl. Daphne und Apollo, Merkur und Argus. fol. B. 126. 127. Letzteres aufgezogen und beschädigt.

Th. Wyck.

1812. Die Näherin. 8. B. 3. Alter Abdruck.

1813. Dasselbe. Ebenso, aber fleckig.

1814. Die Spinnerin und der Hufschmidt. 8. B. 6. Guter Abdruck.

1815. Die Ruine mit dem Gewölbe. qu. 8. B. 9.

1816. Die Matrosen auf dem Ufer. 4. B. 17. Alter Abdruck.

R. Zeeman.

1817. 12 Bl. Verscheyde Schepen en Gesichten van Amstelredam. Eerste Deel. qu. fol. B. 63—74. Mit C. Danckerts' Adresse. Gute Abdrücke.

1818. 4 Bl. Schiffe und Seestürme qu. fol. qu. 8.

Lithographien.

B. Weiss.

1819. Die Kinder im Kahn. Th. Hildebrandt p. fol. Chines. Papier.

1820. Dasselbe. Weiss Papier.

1821. Dasselbe. Ebenso.

H. Kohler.

1822. Der schwäbische Nachtwächter. J. Kirner p. qu. fol. Chines. Papier. Etwas beschmutzt.

A. Dirks.

1823. Der Pferdefang. F. Simmler p. qu. fol. Fleckig

Convolute.

1824. 16 Bl. Diverse Lithographien, zum Theil in Farben. fol. qu. fol.

1825. 72 Bl. Meist aus dem Münchener Handzeichnungswerk von Strixner und Piloti. Einige Blätter mehrfach. Verschiedenes Format.

Handzeichnungen neuerer Künstler.

(Die Namen des frühern Besitzers sind beibehalten.)

Borst.

1826. Rheinlandschaft mit Heerde. Oelskizze. qu. fol.

Burger.

1827. 2 Bl. Der Königssee bei Berchtesgaden. Aquarellen. qu. fol.

A. Doll.

1828. Landschaft mit Thurm am Wasser. Aquarelle, wie die Folgenden. qu. fol.

1829. Die Tells-Kapelle. qu. fol.

1830. Waldpartie mit Wasser und zwei Enten. 4.

1831. Die Kohlenmine am Fluss. qu. fol.

1832. Partie an der Stadtmauer einer alten Stadt. fol.

1833. Schleifstein und diverses hölzernes Geräth. Oelskizze. qu. 4.

1834. Winterlandschaft mit Fluss vorne. Aquarelle. qu. 4.

J. Heinz.

1835. Heilige Familie mit zwei Engeln. Tusche. fol.

G. F. Kühnel.

1836. Der Maler selbst. Brustbild. Kreide. Oval. 4.

J. W. Kaiser.

1837. Amerikanische Landschaft mit einer Mulattin die einen Greis führt. Zum 3. Gesang von Helmer's Holland'sche Natie. Tusche. fol.

E. H. von Kregel.

1838. Landschaft mit runder Ruine. Tusche auf blauem Papier. fol.

Horschelt.

1839. Kampf zwischen Suaven und Reitern. Farbige Tusche. qu. fol.

J. B. Kuhn.

1840. Aus dem Pinzgau. Aquarelle, wie die Folgenden. qu. fol.

1841. Oberbayerische Dorfparthie. qu. fol.

1842. Oberbayerische Gebirgsgegend mit See. qu. fol.

1843. Bei Werdenfels im Loisachthale. qu. 4.

1844. Am Walchensee. qu. fol.

1845. Bei Murnau. qu. fol.

Streber.

1846. Kapelle hinter Bäumen zwischen einem Fluss. Aquarelle. qu. 4.

Störr.

1847. Prinz Parma stürmt auf den Dünen vor Antwerpen eine Schanze. 1583. Bleistift. qu. fol.

D. Stoop.

1848. Zwei Hunde im Kampf. Rothe Kreide. qu. 8. (Copie nach der Radirung) vom Meister P. V. H.

G. F. Winkler.

1849. Alter Thurm an der Stadtmauer von München. Aquarelle. fol.

1850. Altes Haus und Brunnen in München. Ebenso. fol.

A. Dürer.
(Nach ihm.)

1851. Ein linkshin schreitender Löwe. Federzeichnung. qu. fol.

N. Dorigny.

1852. Plafond. Allegorische weibliche Figur zwischen Genien auf Gewölk. Rothstein. qu. fol.

Eibmann.

1853. Partie am Canal grande in Venedig. Aquarelle. gr. qu. fol.

G. B. Ayghman (?).

1854. 2 Bl. Ansicht von Malta, und Monte Pelegrino bei Palermo. Bleistift mit weisser Aufhöhung auf Tonpapier. qu. fol.

Die fast vollständige Ikonographie
des A. van Dyck,
in wohl erhaltenen Exemplaren geordnet nach Weber.*)

A. Radirungen des A. van Dyck selbst.

1855. Joh. Breughel. fol. Weber 1. II. äusserst seltener Abdruck, wo die Einfassungslinien

---

*) Catalogue. I. Partie. Portraits gravées par et d'après A. van Dyck. Bonn 1852. Vergl. auch Szwykowski, A. van Dyck's Bildnisse bekannter Personen. Leipzig 1859.

linien nur mit der Nadel gerissen sind und vor aller Schrift.

1856. Dasselbe. III. Abdruck mit der Adresse G. H. Sehr selten. Die Buchstaben G. H. weggekratzt.

1857. Dasselbe. Ebenso. Die Buchstaben G. H. eingeschrieben.

1858. Dasselbe. IV. Abdruck mit der Adresse G. H. und vollendetem Grunde. Sehr selten.

1859. Dasselbe. V. Abdruck vor der Adresse.

1860. Dasselbe. Ebenso.

1861. Pet. Breughel. fol. Web. 2. V. Abdruck, nach der Adresse G. H.

1862. Dasselbe. Ebenso.

1863. Dasselbe, auf Papier mit der Schellenkappe.

1864. Dasselbe, auf Papier mit der Weintraube.

1865. Ant. Cornelissen. Vollendet von L. Vorsterman. fol. W. 3. V. Abdruck, nach der Adresse G. H.

1866. A. van Dyck. Titelblatt. Vollendet von J. Neeffs. fol. W. 4. III. Abdruck, nach der Jahreszahl. (Schellenkappe.)

1867. Dasselbe. Ebenso.

1868. Erasmus von Rotterdam. fol. W. 5. IV. Abdruck, nach der Adresse G. H.

1869. F. Franck. fol. W. 6. VI. Abdruck, nach der Adresse G. H.

1870. Dasselbe. Ebenso. (Schellenkappe.)

1871. Dasselbe. (Weintraube.)

1872. J. de Momper. fol. W. 7. I. sehr seltener Abdruck, vor den Einfassungslinien und der Schrift. Der Schriftrand weggeschnitten.

1873. Dasselbe. V. Abdruck, nach der Adresse G. H.

1874. Derselbe anders. Von L. Vorsterman beendet. fol. W. 8. V. Abdruck, nach der Adresse G. H.

1875. A. van Oort. fol. W. 9. Ebenso, wie die Folgenden.

1876. Dasselbe.

1877. Dasselbe.

1878. J. Snellincx. fol. W. 13. V. Abdruck, nach der Adresse G. H.

1879. Dasselbe. Ebenso. (Schellenkappe.) Einige Risse unterlegt.

1880. Derselbe. Von P. de Jode vollendet. fol. W. 15.

III. sehr seltner Abdruck, mit erster Adresse u. einer Zeile Schrift.

1881. Dasselbe. V. Abdruck, nach der Adresse G. H. (Schellenkappe.)

1882. Dasselbe. Ebenso.

1883. F. Snyders. fol. W. 15. IV. Abdruck, nach der Adresse G. H.

1884. Dasselbe. Ebenso. (Schellenkappe.) Der Rand angesetzt.

1885. J. Sutermans. fol. W. 17. I. sehr seltener Abdruck, vor der Einlassungslinie u. Schrift. Der Unterrand weggeschnitten.

1886. Dasselbe. III. seltener Abdruck mit G. H.

1887. Dasselbe. V. Abdruck, nach der Adresse, wie die Folgenden.

1888. Dasselbe.

1889. Dasselbe.

1890. Dasselbe. Der Rand angesetzt.

1891. A. Triest, Bischof von Gent. Von P. de Jode beendet. fol. W. 18. V. Abdruck, nach der Adresse G. H.

1892. L. Vorsterman. fol. W. 19. V. Abdruck, nach der Adresse G. H. (Schellenkappe.)

1893. Dasselbe. Der Rand angesetzt.

1894. P. de Vos. Von S. à Bolswert beendet. fol. W. 2. V. Abdruck, nach der Adresse G. H. Beschnitten.

1895. Dasselbe. Ebenso.

1896. W. de Vos. Von demselben vollendet. fol. W. 20. III. seltener Abdruck, mit G. H. Der Rand angesetzt.

1897. Dasselbe. IV. Abdruck, nach dieser Adresse.

1898. J. de Wael. fol. W. 22. V. Abdruck, nach der Adresse G. H.

1899. Dasselbe. Ebenso. (Schellenkappe.)

1900. J. van den Wouwer. Beendet von P. Pontius. fol. W. 23. V. Abdruck, nach der Adresse G. H. (Schellenkappe.)

1901. Dasselbe. Ebenso.

B. Portraits nach A. van Dyck.
Für M. van den Enden.

1902. Th. Willeborts. fol. W. 1. Sehr selten.

1903. Albr. Graf von Aremberg. S. à Bolswert sc. fol. W. 2. IV. Abdruck, nach der Adresse G. H.
1904. J. J. Barbé. Idem sc. fol. W. 3. Ebenso.
1905. A. Brouwer. Idem sc. fol. W. 4. VI. Abdruck, nach der Adresse G. H., wie die Folgenden.
1906. Dasselbe.
1907. Dasselbe. (Schellenkappe.)
1908. J. Lipsius. Idem sc. fol. W. 5. IV. Abdruck, nach der Adresse G. H. (Schellenkappe.)
1909. M. Pepyn. Idem sc. fol. W. 6. I. sehr seltener Abdruck, vor dem Stechernamen und mit erster Adresse und einer Zeile Schrift.
1910. Dasselbe. Ebenso. Etwas fleckig und ausgebessert.
1911. Dasselbe. IV. Abdruck, nach der Adresse G. H.
1912. S. Vrancx. Idem sc. fol. W. 7. I. sehr seltener Abdruck, mit einer Zeile Schrift, vor dem Stechernamen und erster Adresse. Ausgebessert.
1913. Dasselbe. IV. Abdruck, nach der Adresse G. H.
1914. Marg. von Lothringen. Idem sc. fol. W. 8. II. sehr seltener Abdruck, mit Margareta u. erster Adresse.
1915a. M. Mierevelt. W. J. Delff sc. fol. W. 9. I. Abdruck, mit Hondius' Namen als Stecher und einer Zeile Schrift, nach der Adresse G. H.
1915b. Dasselbe. III. Abdruck, nach der Adresse und mit Delff's Namen.
1916. A. Wolfart. C. Galle sc. fol. W. 10. V. Abdruck, nach der Adresse G. H. (Schellenkappe.)
1917. F. Franck. W. Hondius sc. fol. W. 11. IV. Abdruck, nach G. H.
1918. W. Hondius. Idem sc. fol. W. 12. Ebenso.
1919. Cath. Howard. A. de Jode sc. fol. W. 13. Selten. Der Rand angesetzt.
1920. Dasselbe. Fleckig.
1921. J. Tserclas Tilly. P. de Jode sen. sc. fol. W. 14. IV. Abdruck, nach der Adresse G. H. (Schellenkappe.)
1922. Dasselbe. Ebenso.
1923. Dasselbe.
1924. A. de Coster. P. de Jode jun. sc. fol. W. 15. II. sehr seltener Abdruck, mit der vollendeten Hand, aber vor dem Stechernamen.

1925. Dasselbe. IV. Abdruck, nach der Adresse G. H.
1926. Dasselbe. Ebenso.
1927. P. Halmalius. Idem sc. fol. W. 16. IV. Abdruck, nach der Adresse G. H. (Schellenkappe.)
1928. J. Jordaens. Idem sc. fol. W. 17. I. sehr seltener Abdruck, vor dem Stechernamen u. mit einer Zeile Schrift. Der Rand angesetzt.
1929. Dasselbe. IV. Abdruck, nach der Adresse G. H.
1930. A. Colyns. Idem sc. fol. W. 18. IV. Abdruck, nach der Adresse G. II.
1931. C. Poelemburg. Idem sc. fol. W. 19. I. sehr seltener Abdruck, vor dem Stechernamen und mit einer Zeile Schrift. Dtwas fleckig.
1932. Dasselbe. IV. seltener Abdruck mit G. II. Etwas wasserfleckig.
1933. Dasselbe. V. Abdruck, nach dieser Adresse. (Schellenkappe.)
1934. Erycius Puteanus. Idem sc. fol. W. 20. I. Abdruck, mit der Adresse von van den Enden.
1935. Dasselbe. Nach G. H. (Schellenkappe.)
1936. Th. Thulden. Idem sc. fol. W. 23. Ebenso. (Schellenkappe.)
1937. Albrecht Graf von Wallenstein. Idem sc. fol. W. 24. I. sehr seltener Abdruck, mit M. van den Enden's Adresse.
1938. Dasselbe. Ebenso. Der Rand angesetzt.
1939. Genovefa d'Urphe. Idem sc. fol. W. 25. III. seltener Abdruck mit G. H.
1940. Dasselbe. IV. Abdruck, nach dieser Adresse. (Schellenkappe.)
1941. Lelio Blancatcio. N. Lauwers sc. fol. W. 26. I. sehr seltener Abdruck, mit erster Adresse.
1942. Dasselbe. Ebenso.
1943. Dasselbe. IV. Abdruck, nach der Adresse G. H. (Schellenkappe.)
1944. Dasselbe. Ebenso.
1945. H. van Balen. P. Pontius sc. fol. W. 27. IV. Abdruck, nach der Adresse G. H.
1946. Dasselbe. Ebenso.
1947. Don Alvar Bazan. Idem sc. fol. W. 28. Sehr seltener II. Abdruck, mit einem Punkt hinter jedem Wort und erster Adresse.

1948. Dasselbe. IV. Abdruck, nach der Adresse G. H. (Schellenkappe.)

1949. J. de Breuck. Idem sc. fol. W. 29. Ebenso.

1950. Don Ch. Colonna. Idem sc. fol. W. 30. I. sehr seltener Abdruck, mit Cubit. Reg. Mat. u. erster Adresse. Der Rand angesetzt.

1951. Dasselbe. IV. Abdruck, nach aller Adresse. (Schellenkappe.)

1952. C. de Crayer. Idem sc. fol. W. 31. II. sehr seltener Abdruck, mit dem Namen des Stechers und einer Zeile Schrift und erster Adresse.

1953. Dasselbe. V. Abdruck. nach aller Adresse.

1954. Dasselbe. Ebenso. (Schellenkappe.)

1955. Don. Eman. Frockas Perera. Idem sc. fol. W. 32. V. Abdruck, nach der Adresse G. H.

1956. Dasselbe. Ebenso. (Schellenkappe.)

1957. C. van der Geest. Idem sc. fol. W. 33. III. seltener Abdruck, mit G. H. Etwas fleckig und scharf beschnitten.

1958. Dasselbe. IV. Abdruck, nach dieser Adresse. (Schellenkappe.)

1959. Dasselbe. Ebenso. (Weintraube.)

1960. C. Gevartius. Idem sc. fol. W. 34. V. Abdruck nach aller Adresse. (Schellenkappe.)

1961. Diego Ph. de Gusman. Idem sc. fol. W. 35. III. Abdruck, nach aller Adresse.

1962. Dasselbe. Ebenso.

1963. Gustav Adolph, König von Schweden. Idem sc. fol. W. 36. III. seltener Abdruck, mit G. H. Sehr schön.

1964. Dasselbe. IV. Abdruck, nach dieser Adresse. (Amsterdamer Stadtwappen.)

1965. G. Honthorst. Idem sc. fol. W. 37. I. sehr seltener Abdruck, vor dem Stechernamen, mit einer Zeile Schrift und Hontborst.

1966. Dasselbe. Ebenso. An den Ecken etwas ausgebessert.

1967. Dasselbe. IV. seltener Abdruck mit G. H.

1968. Dasselbe. V. Abdruck, nach aller Adresse. (Schellenkappe.)

1969. Const. Hugens. Idem sc. fol. W. 38. I. sehr seltener Abdruck, mit erster Adresse.

1970. Dasselbe. III. Abdruck, nach aller Adresse.
1971. D. Mytens. Idem sc. fol. W. 40. II. seltener Abdruck, mit einer Zeile Schrift und erster Adresse.
1972. Dasselbe. V. Abdruck, nach aller Adresse.
1973. Joh. Graf von Nassau. Idem sc. fol. W. 41. I. sehr seltener Abdruck mit Ponsius und erster Adresse.
1974. Dasselbe. IV. Abdruck, nach aller Adresse. (Schellenkappe.)
1975. Stevens Palamedes. Idem sc. fol. W. 42. I. sehr seltener Abdruck, vor dem Stechernamen und mit einer Zeile Schrift.
1976. Dasselbe. Ebenso. Eine Ecke im Rand angesetzt.
1977. Dasselbe. IV. Abdruck, nach aller Adresse. (Schellenkappe.)
1978. Dasselbe. Ebenso.
1979. Paul Pontius. Idem sc. fol. W. 43. I. sehr seltener Abdruck, mit erster Adresse, vor dem Stechernamen. Etwas ausgebessert.
1980. Dasselbe. II. seltener Abdruck, mit dem Stechernamen, ebenfalls mit einer Zeile Schrift.
1981. Joh. van Ravestein. Idem sc. fol. W. 44. IV. Abdruck, nach aller Adresse. (Schellenkappe.)
1982. Th. Rombouts. Idem sc. fol. W. 45. I. sehr seltener Abdruck, vor dem Stechernamen und mit einer Zeile Schrift.
1983. Dasselbe. III. sehr seltener Abdruck, mit G. II.
1984. Dasselbe. IV. Abdruck, nach dieser Adresse. (Schellenkappe.)
1985. P. P. Rubens. Idem sc. fol. W. 46. V. Abdruck, nach aller Adresse. (Schellenkappe.)
1986. Cäs. Alex. Scaglia. Idem sc. fol. W. 47. II. sehr seltener Abdruck mit Regens und erster Adr.
1987. Dasselbe. VI. Abdruck, nach aller Adresse. (Schellenkappe.)
1988. Franz Thom von Savoyen. Idem sc. fol. W. 48. I. sehr seltener Abdruck, mit erster Adresse. Sehr schön.
1989. Dasselbe. III. Abdruck, nach aller Adresse. (Amsterdamer Stadtwappen.)
1990. Dasselbe. Ebenso. (Schellenkappe.)

1991. G. Seghers. Idem sc. fol. W. 49. IV. Abdruck, nach aller Adresse. (Schellenkappe.)

1992. Dasselbe. Ebenso.

1993. A. van Stalbent. Idem sc. fol. W. 50. Ebenso.

1994. H. Steenwyck. Idem sc. fol. W. 51. IV. Abdruck, nach aller Adresse.

1995. Dasselbe. Ebenso. (Schellenkappe.)

1996. Th. Vanloonius. Idem sc. fol. W. 52. IV. Abdruck, nach aller Adresse.

1997. Dasselbe. Ebenso. (Schellenkappe.)

1998. Sim. de Vos. Idem sc. fol. W. 53. I. sehr seltener Abdruck, vor dem Stechernamen u. mit einer Zeile Schrift.

1999. Dasselbe. IV. Abdruck, nach aller Adresse.

2000. Jan Wildens. Idem sc. fol. W. 55. IV. Abdruck, nach aller Adresse. (Schellenkappe.) Mit einem Flecken.

2001. Dasselbe. (Schellenkappe.)

2002. Maria de Medices. Idem sc. fol. W. 56. IV. Abdruck, nach aller Adresse. (Amsterdamer Wappen.)

2003. Dasselbe. Ebenso. (Schellenkappe.) Die unteren Ecken etwas ausgebessert.

2004. P. Snayers. A. Stock sc. fol. W. 57. II. Abdruck, nach der Adresse.

2005. Dasselbe. Ebenso.

2006. Dasselbe. (Schellenkappe.)

2007. Sir Ken. Digbi. R. van Voerst sc. fol. W. 58. IV. Abdruck, nach aller Adresse.

2008. Dasselbe. Ebenso. Doppelt, indem ein Exemplar älterer Abdrucksgattung, aber beschnitten, angeklebt ist.

2009. Inigo Jones. Idem sc. fol. W. 59. II. seltener Abdruck, mit dem Namen des Stechers und erster Adresse.

2010. R. van Voerst. Idem sc. fol. W. 60. I. sehr seltener Abdruck, vor dem Stechernamen u. mit einer Zeile Schrift.

2011. Dasselbe. II. seltener Abdruck mit dem Stechernamen. Ebenso.

2012. Dasselbe. IV. Abdruck, nach aller Adr. (Schellenkappe.)

2013. Sim. Vouet. Idem sc. fol. W. 61. IV. Abdruck, nach aller Adresse.

2014. Dasselbe. Ebenso. (Schellenkappe.)

2015. Dasselbe. Ebenso.

2016. J. de Chachiopin. L. Vorsterman sc. fol. I. sehr seltener Abdruck, vor dem Stechernamen und mit einer Zeile Schrift. Einige kleine Risse unterlegt.

2017. Dasselbe. III. seltener Abdruck, mit G. H.

2018. Dasselbe. IV. Abdruck, nach dieser Adresse. (Schellenkappe.)

2019. J. Callot. Idem sc. fol. W. 63. V. Abdruck, nach aller Adresse. (Schellenkappe.)

2020. W. Coeberger. Idem sc. fol. W. 64. IV. Abdruck, nach aller Adresse.

2021. Dasselbe. Ebenso.

2022. D. Delmont. Idem sc. fol. W. 66. Ebenso. (Schellenkappe.)

2023. A. van Dyck. Idem sc. fol. W. 67. II. seltener Abdruck, mit dem Stechernamen und einer Zeile Schrift.

2024. H. van den Eynden. Idem sc. fol. W. 68. Ebenso.

2025. Dasselbe. IV. Abdruck, nach aller Adresse. (Schellenkappe.)

2026. Th. Galle. Idem sc. fol. W. 69. IV. Abdruck, nach aller Adresse. (Schellenkappe.)

2027. Gaston de France. Idem sc. fol. W. 70. I. sehr seltener Abdruck, vor den Punkten. Sehr schön.

2028. Hor. Gentileschi. Idem sc. fol. W. 71. IV. Abdruck, nach aller Adresse. (Schellenkappe.)

2029. P. de Jode. Idem sc. fol. W. 72. I. sehr seltener Abdruck, vor dem Stechernamen und mit einer Zeile Schrift.

2030. Dasselbe. Ebenso.

2031. Dasselbe. IV. Abdruck, nach aller Adresse.

2032. Dasselbe. Ebenso. (Schellenkappe.)

2033. Jan Livens. Idem sc. fol. W. 73. I. sehr seltener Abdruck, vor dem Stechernamen u. mit einer Zeile Schrift. Scharf beschnitten.

2034. Dasselbe. IV. Abdruck, nach aller Adresse. (Schellenkappe.)

2035. C. de Mallery. Idem sc. fol. W. 74. I. sehr sel-

tener **Abdruck**, vor dem Stechernamen und mit
einer Zeile Schrift.

2036. Dasselbe. IV. Abdruck, nach aller Adresse. (Schellenkappe.)

2037. J. van **Milder**. **Idem** sc. fol. W. 75. I. sehr
seltener **Abdruck**, vor dem Stechernamen u. mit
einer Zeile Schrift. Eine Ecke unten restaurirt.

2038. Dasselbe. IV. Abdruck, nach aller Adresse. (Schellenkappe.)

2039. Nic. **Fabr.** de **Peiresc**. **Idem** sc. fol. W. 77.
IV. Abdruck, nach aller Adresse.

2040. Dasselbe. Ebenso.

2041. Dasselbe.

2042. C. **Saftleven**. **Idem** sc. fol. W. 78. II. seltener **Abdruck**, mit dem Stechernamen und einer
Zeile Schrift.

2043. Dasselbe. IV. Abdruck, nach aller Adresse.

2044. Dasselbe. Ebenso. ˙ (Schellenkappe.)

2045. Dasselbe.

2046. C. **Schut**. **Idem** sc. fol. W. 79. IV. Abdruck,
nach aller Adresse. (Schellenkappe.)

2047. Ambr. **Spinola**. **Idem** sc. fol. W. 80. Ebenso.

2048. Dasselbe.

2049. Luc. van **Uden**. **Idem** sc. fol. W. 82. I. sehr
seltener **Abdruck**, vor dem Stechernamen u. mit
einer Zeile Schrift.

2050. Dasselbe. IV. Abdruck, nach aller Adresse.

2051. **Corn.** de **Vos**. **Idem** sc. fol. W. 83. IV. Abdruck, nach aller Adresse. (Schellenkappe.)

C. Portraits für G. Hendrici.

2052. Andr. van **Ertvelt**. S. à **Bolswert** sc. fol.
W. p. 101 etc. I. seltener **Abdruck**, mit G. H.

2053. Dasselbe. II. Abdruck, nach der Adresse.

2054. Dasselbe. Ebenso. (Schellenkappe.)

2055. Maria **Ruten**. Idem sc. fol. III. Abdruck, nach
der Adresse.

2056. Dasselbe. Ebenso. (Schellenkappe.)

2057. Heinr. **Riche**, Graf von Holland. P. **Clowet** sc.
fol. II. Abdruck mit der Adresse.

2058. Dasselbe. Ebenso.

2059. Peter de Jode. Se ipse sc. fol. II. Abdruck, nach der Adresse, wie die Folgenden.

2060. Dasselbe. .

2061. Dasselbe. (Schellenkappe.)

2062. Dasselbe. (Amsterdamer Wappen.)

2063. Johanna de Blois. Idem sc. fol. (Schellenkappe.)

2064. Ferd. Erzherzog von Oesterreich. A. Lommelin sc. fol. (Schellenkappe.)

2065. Dasselbe. Ebenso.

2066. M. Ryckaert. J. Neeffs sc. fol. II. Abdruck, nach der Adresse. (Schellenkappe.)

2067. Ant. de Tassis. Idem sc. fol. Ebenso.

2068. Dasselbe. Gebräunt und brüchig.

2069. Nic. Rockocx. P. Pontius sc. fol. VIII. Abdruck, nach aller Adresse.

2070. Fr. de Moncada. L. Vorsterman sc. fol. III. Abdruck, nach der Adresse. (Schellenkappe.) Gebräunt.

2071. Dasselbe.

2072. Isab. Clara Eugenia, Infantin von Spanien. Idem sc. fol. II. seltener Abdruck mit G. H.

2073. *Wolfg. Wilh. Pfalzgraf. Idem sc. fol. III. Abdruck, nach der Adresse. (Schellenkappe.)

D. Portraits für J. Meyssens.

2074. Honorius d'Urfé. P. Balliu sc. fol. W. p. 109 etc. I. Abdruck, mit der Adresse.

2075. Dasselbe. Ebenso.

2076. Kaiser Ferdinand III. C. Galle sc. fol. Ebenso.

2077. Dasselbe.

2078. Dasselbe. Scharf beschnitten.

2079. Maria, Gemahlin des Vorigen. Idem sc. fol. I. Abdruck.

2080. Dasselbe. Scharf beschnitten.

2081. Joh. Meyssens. Idem sc. fol. II. Abdruck mit Meissens statt Meyssens.

2082. Gottfr. Heinr. Graf v. Pappenheim. Idem sc. fol. I. seltener Abdruck, mit der Adresse.

2083. Engelb. Tain. Idem sc. fol. I. Abdruck.

2084. Dasselbe. Ebenso.

2085. Beatrix de Cusance. P. de Jode sc. fol. I. Abdruck.

2086. Joh. de Montfort. Idem sc. fol. Ebenso.

2087. Dasselbe.

2088. Maria Gräfin von Aremberg. P. Pontius sc.
I. Abdruck.

2089. Dasselbe. Ebenso.

2090. Dasselbe.

2091. Dasselbe. II. Abdruck, nach der Adresse.

2092. Ant. de Zuniga. C. Waumans sc. fol. I. Abdruck. Sehr schön.

2093. Dasselbe. Ebenso.

2094. Dasselbe. II. Abdruck, mit Man's Adresse.

2095. Maria Clara de Croy. Idem sc. fol. I. Abdruck.

E. Diverse Portraits nach A. van Dyck.

2096. Ant. van Opstal. Von N. Helt-Stokade radirt.
W. p. 116 u. folg. II. Abdruck, vor der Adresse,
aber mit der Retouche.

2097. Dasselbe. Ebenso.

2098. Dasselbe. Mit der Adresse von de Man.

2099. Lucia Percyle. P. de Balliu sc. fol. Mit
Meyssens' Adresse.

2100. Marquis de Mirabelle. A. Blootelingh sc.
fol. Der Rand angesetzt.

2101. J. Ch. van der Lamen. P. Clowet sc. fol.

2102. Th Rogiers. Idem sc. fol. I. Abdruck, vor
der Adresse. (Schellenkappe.)

2103. Dasselbe. Ebenso.

2104. Anna Wake. Idem sc. fol. (Schellenkappe.)

2105. Dasselbe. (Amsterdamer Wappen.)

2106. Ferdinand, Erzherzog von Oesterreich. P.
de Jode sc. fol. I. Abdruck, mit Meyssens'
Adresse. Scharf beschnitten.

2107. Quintus Simons. Idem sc. fol. (Schellenkappe.)

2108. Karl II. König von England. W. Hollar sc.
fol. Parthey 1412. Seltener II. Abdruck. Etwas fleckig.

2109. Joh. Malder, Bischof. Idem sc. fol. P. 1463
I. Abdruck, mit Meyssens' Adresse.

2110. Die Gräfin von Portland. Idem sc. fol. P.
1484. Ebenso. Etwas fleckig.

2111. Die Gebrüder de Wael. Idem sc. fol. P. 1517.

2112. Dieselben. R. Gaywood sc. fol.
2113. Wilh. Marcquis, Arzt. P. de Jode sc. 4.
2114. Paul de Vos. A. Lommelin sc. fol.
2115. Joh. de Wael. Idem sc. fol. (Schellenkappe.)
2116. Margarethe Lemon. Van Dyck's Geliebte. Idem sc. fol. Mit G. Hendricx's Adresse.
2117. Maria Gräfin von Aremberg. Idem sc. fol. (Schellenkappe.) Ein Riss unterlegt.
2118. Franz van der Ee. J. Meyssens sc. fol. I. Abdruck, mit Meyssens Adresse.
2119. Dasselbe. Ebenso.
2120. Balt. Gerbier. P. Pontius sc. fol. Seltener III. Abdruck, vor P. Stent's Adresse.
2121. Dasselbe. Ebenso.
2122. Phil. Le Roy. Idem sc. fol. IV. Abdruck. Selten.
2123. Carl Eman. von Savoyen. P. Rucholle sc. fol. I. Abdruck, mit Meyssens' Adresse.
2124. Prinz Robert von der Pfalz. H. Snyers sc. fol. Ebenso.
2125. Hendr. du Booys. C. Visscher sc. fol. Mit F. Cooper's Adresse.
2126. Dasselbe. Ebenso.
2127. Helena Leonore de Sieveri. Idem sc. fol. Ebenso.
2128. Phil. Herbert Graf von Pembroke. R. van Voerst sc. fol.
2129. Dasselbe.
2130. Ernst Graf von Mansfeld. Idem sc. fol.
2131. Joh. Graf von Nassau, in Oval. L. Vorsterman sc. fol. I. Abdruck. Im Grund ein Wurmloch.
2132. Luc. Vorstermann. Idem sc. fol. (Schellenkappe.)

2133. Casp. Gevartius. Kniestück, schreibend. P. P. Rubens p. P. Pontius sc. fol.

2134. Manuel de l'Amateur d'Estampes par M. Ch. Le Blanc. Paris 1850—57. 9 Lieferungen. 8. Geheftet.

2135. 3 grosse Wappen mit Leinwandeinschlägen, aber ohne Rücken.

2136. 3 kleine mit Rücken und Leinwandeinschlägen.

Kupferstiche und Radirungen.

J. Achard.

2137. Landschaft in der Dauphiné. qu. fol. Chines. Papier.

2138. Baumreiche Landschaft. qu. 4. Ebenso.

A. Achenbach.

2139. Ein Fischerboot von dem ein Matrose ein Tau auswirft. qu. 4. Selten.

Ch. Alberti.

2140. Venus und Amor. fol. B. 93.

2141. Der Genius des Ruhmes. fol. B. 141. Schöner Abdruck vor der Schrift.

2142. Neptun auf einem Delphin. fol. B. 144. Ebenso.

2143. Der Flussgott Nil. qu. fol. B. 155. Vor der Adresse.

J. Almeloveen.

2144. Thienhoven by Ameyde. 8. B. 7. Schöner Druck. Selten.

2145. 6 Bl. Landschaften. qu. fol. B. 21—26.

S. Amsler.

2146. Papst Pius VII. C. Herrmann del. fol. Schöner Abdruck auf Chines. Papier, beschnitten.

Ploos van Amstel.

2147. 2 Bl. Der Gemüsemarkt und der Viehmarkt. J. v. Goyen del. qu. fol.

F. Anderloni.

2148. Herder. G. v. Kügelgen p. 4. Schöner Druck.

A. Andreani.

2149. 6 Bl. aus dem Triumphzuge des Cäsar. A. Mantegna inv. qu. fol. Clair obscur. B. 1. 4. 5. 7. 8. 9. Gute Abdrücke, selten. Mehrere eingetuscht.

2150. Der wunderbare Fischzug. Raphael inv. qu. fol.
Desgl. B. 13. Guter Abdruck.

2151. Maria mit dem Kinde u. Heiligen. F. Parmeggiano
inv. fol. Desgl. B. 24. Ebenso.

2152. Der christliche Held. B. Franco inv. fol. Desgl.
B. 14. Ebenso.

G. ab Avibus.

2153. Apollo und die Musen auf dem Parnass. L. Penni
inv. qu. fol. Schöner Druck.

S. Badolocchio.

2154. 45 Blatt. Bibelbilder. Raphael p. S. Bado-
locchio und J. Lanfranco sc. qu. 4. No. 1,
3—8, 12, 14—17, 19, 21, 23, 25—29, 31—55.
Gute Abdrücke.

W. Baillie.

2155. Lesende Frau. G. Dow p. fol.

F. Barbieri, Guercino.

2156. Der heil. Antonius von Padua. 4. B. 1. Selten.

P. S. Bartoli.

2157. Die Geburt der heil. Jungfrau. F. Albano p. fol.

2158. Die Anbetung der Hirten. A. Carracci p. gr. fol.
Hauptblatt.

2159. 8 Bl. Grosser Zug und Stiergefecht. Polidoro
inv. Friesformat. Schöne Drücke. Fleckig.

A. Bartsch.

2160. 2 Hefte mit 16 Bl. Copien nach seltenen Radirungen
zum Peintre-graveur. qu. fol.

J. F. Bause.

2161. Christuskopf. G. Reni p. fol. Keil 5. Guter alter
Abdruck. Braun gedruckt.

2162. Petri Reue. Dietrich del. qu. fol. K. 9. Ebenso.

2163. Venus und Amor. C. Cignani p. fol. K. 12.
Vor aller Schrift, selten.

2164. Der grosse Amor. R. Mengs p. fol. K. 14. Vor
aller Schrift und vor dem Wappen, sehr
selten.

2165. Die studirende Kunst. Dietrich del. qu. fol. K. 17.

2166. Der Mann mit der der Perle. Idem del. 4. K. 27.

2167. Die Strickerin (Dlle. Oeser). Oeser del. 4. K. 28.

2168. Der Orientale. Dietrich del. fol. K. 32.
2169. Der Persianer. F. Mieris p. fol. K. 33.
2170. Die Vertraute. Kupetzky p. fol. K. 34.
2171. Das schalkhafte Mädchen. J. Reynolds p. fol. K. 39. II. Vor der Schrift, nur mit den Künstlernamen, selten.
2172. Joseph II. fol. K. 118. Vorzüglicher Druck, sehr selten.
2173. Charlotte. Königin v. England. fol. K. 131. Selten.
2174. Louise Auguste von Dänemark. A. Graff p. fol. K. 134.
2175. Ferdinand von Braunschweig. fol. K. 137. II.
2176. Auguste, Erbprinzessin v. Braunschweig. fol. K. 139. Selten.
2177. Achmet Effendi. Span del. fol. K. 144. Sehr selten.
2178. Sophie Charlotte Gräfin zu Stolberg-Wernigerode. 8. K. 145. Ebenso.
2179. Graf von Hochberg-Rohnstock. fol. K. 152. Vor den Künstlernamen, Keil unbekannt.
2180. Dasselbe. Ebenso.
2181. Jacob Brucker. fol. K. 106. Selten.
2182. W. Jerusalem. Oeser p. fol. K. 164.
2183. S. Morus. A. Graff p. fol. K. 168.
2184. G. Rosenmüller. Tischbein p. fol. K. 170.
2185. J. S. Pütter. Dietz p. fol. K. 172. Selten.
2186. Doris Lange. 8. K. 173. Sehr selten.
2187. C. Goldoni. 8. K. 174. Selten.
2188. M. A. v. Thümmel. Oeser del. 8. K. 177.
2189. Ch. F. Gellert. Idem p. fol. K. 178.
2190. C. Chr. Gärtner. 8. K. 187.
2191. Chr. F. Weise. A. Graff p. fol. K. 191.
2192. Chr. S. Horn. gr. fol. K. 192.
2193. K. W. Ramler. 8. K. 193. Selten.
2194 J. P. Uz. 8. K. 197.
2195. Derselbe. fol. K. 198.
2196. J. A. von Segner. Füger p. fol. K. 203.
2197. C. M. Wieland. May p. fol. K. 209.
2198. Hanna Dorner. Juel p. fol. K. 213.
2199. C. W. Müller. A. Graff p. fol. K. 220.
2200. H. G. Bauer. Idem p. fol. K. 221.
2201. Derselbe. Vor aller Schrift.
2203. G. Schacher. Idem p. fol. K. 223.

2204. J. Th. Richter. 8. K. 231.

2205. J. F. Kees. Lisiewsky p. fol. K. 234.

2206. Chr. G. Frege. A. Graff p. fol. K. 235.

2207. C. Wilhelmi. Schwarz p. fol. K. 243.

2208. C. F. Löhr. A. Graff p. fol. K. 244.

2209. John Wilkes Esq. fol. K. 245. Sehr selten.

2210. 16 Bl. Portraits und verschiedenen Darstellungen. Gute Drücke, zum Theil beschnitten.

N. Beatrizet.

2211. Kampf der Römer gegen die Dacier. Nach einem antiken Basrelief. qu. fol. B. 94.

C. Bega.

2212. Halbfigur einer jungen Frau. 12. B. 2. Guter Abdruck, wie die Folgenden.

2213. Kopf einer Alten, in die Höhe sehend. 12. B. 3

2214. Der Mann im kurzen Mantel. 12. B. 8.

2215. Der Mann mit der Hand auf der Brust. 12. B 10.

2216. Die Alte mit dem Krug. 8. B. 12.

2217. Der Bauer im Fenster. 8. B. 19.

2218. Der Tanz. 8. B. 26.

2219. Der Sänger. 8. B. 27.

2220. Die drei Trinker. 4. B. 29.

2221. Die Familie. 4. B. 30.

2222. Die alte Wirthin. B. 32. Schöner Druck, mit der Adresse von Covens und Mortier.

F. Beich.

2223. 8 Bl. Landschaften. 4. Schöne erste Drücke mit Wolff's Adresse.

G. Benaglia.

2224. Cardinal A. del Monte. Raphael p. In Umrissen. 4. Chines. Papier.

N. Berghem.

2225. Der durchschrittene Bach. fol. B. 12. Guter Abdruck, auf Schellenkappenpapier, mit gelöschter Adresse.

2226. Der Widderkopf. qu. 8. Treffliche Copie des sehr seltenen Originals.

J. B. Blanchard.

2227. Murillo. Se ipse p. gr. fol. Schöner Druck.

G. Bleker.

2228. Abraham und der Engel. qu. fol. B. 1. Guter druck. Der Rand unterlegt.

H. Bol.

2229. Landschaft mit Rebekka am Brunnen. Rund 4. Selten.

2230. Landschaft mit der Predigt des Johannes. Rund 4. Ebenso.

2231. 7 Bl. kleine runde Landschaften mit Bauernscenen. Rund 8. Ebenso.

N. Boldrini.

2232. Venus und Amor. Tizian inv. Holzschnitt. fol.

J. Bonasone.

2233. Die Anbetung der Hirten. fol. B. 39. Guter Druck und selten.

2234. Die heilige Cäcilia. Raphael p. fol. B. 74. Ebenso.

2235. Das jüngste Gericht. M. A. Buonarotti inv. gr. fol. B. 80. Seltenes Hauptblatt in schönem Drucke. Aufgezogen und restaurirt.

2236. Silen mit seinem Gefolge. qu. fol. B. 88. Schöner Druck.

2237. Neptun beschwichtigt den Sturm. qu. fol. B. 104. Seltenes Hauptblatt, scharf beschnitten.

2238. Spes augusta. Blumenstreuende Figur. 8. B. 281. Selten.

J. Both.

2239. 4 Bl. Die Landschaften in die Höhe. fol. B. 1—4. Nach der Adresse.

A. Boresom.

2240. Die beiden Kühe. qu. 4. B. 2. Später Druck.

F. Boucher.

2241. Maria mit dem Kinde, das einen Vogel fliegen lässt, nach H. Carracci. 4.

J. Bräutigam.

2242. Das Kind mit der Milch und der Schlange 4. Chin. Papier.

B. Breemberg.

2243. Die Landschaft mit dem Thurm. 8. B. 11. Schöner Druck, selten.

F. Brennhäuser.

2244. Nicht alle Mönche erfinden Pulver. 8. Chines. Papier.

G. da Brescia.

2245. Herkules erdrückt den Antheus. fol. Copie. B. XIII. p. 325, 13. Vorzüglicher alter Abdruck.

H. Bürkner.

2246. Landschaft mit Bauerhof und Vieh. E. Hasse del Holzschnitt. qu. fol.

G. Caletti.

2247. Ein junger Mann bietet einem Mädchen Geld an. qu. 4. B. 9. Selten.

J. Callot.

2248. 11 Bl. Darstellungen aus dem neuen Testament. qu. 8. Meaume 37—47. Schöne Abdrücke.
2249. 16 Bl. Christus, Maria und die Apostel. 8. M. 104—119. Ebenso.
2250. 11 Bl. Die Geschichte des verlorenen Sohnes. qu. 8. Vor den Nummern.
2251. Entrée de son Altesse à pied. gr. fol. Schöner Druck.
2252. Entrée de Monsieur de Macey. qu. fol. Ebenso.
2253. Entrée de Monsieur le comte de Brionne. qu. fol. Ebenso.
2254. Louis de Lorraine zu Pferde, im Hintergrunde eine Schlacht. qu. fol. Guter Druck.

S. Cantarini.

2255. Adam und Eva. 4. B. 1. Guter Druck, wie die Folgenden.
2256. Ruhe der heil. Familie auf der Flucht. qu. 8. B. 7.
2257. Der grosse heil. Antonius von Padua. fol. B. 25. Hauptblatt.

H. da Carpi.

2258. Der Tod des Ananias. Raphael inv. Clair obscur. qu. fol. B. 27. Wegen Risse aufgezogen.
2259. Der erschreckte Mann. Parmeggiano in. Ebenso. fol. B. 10. Schöner zweiter Abdruck, aufgezogen.

J. Carpioni.

2260. Die heilige Familie in einer Landschaft. fol. B. 5.

Aug. Carracci.

2261. Der heil. Hieronymus. 8. B. 72.
2262. Derselbe, anders. 8. B. 73.

2263. Derselbe, in ganzer Figur. fol. B. 75. Hauptblatt in schönem Drucke.

2364. Merkur und die Grazien. qu. fol. B. 117.

A. Casembrot.

2265. Am Strande liegende Schiffe. qu. 8. Guter Abdruck, selten.

B. Castiglione.

2266. Gottvater betrachtet das neugeborene Kind. fol. B. 11.

B. Coriolano.

2267. Eine Sibylle. G. Reni p. Clair obscur. fol. B. 2. Schöner Druck, im Unterrande etwas restaurirt.

2268. Andere Sibylle. Idem p. Ebenso. fol. B. 4. Guter Druck.

2269. Eine desgl. Idem p. fol. B. 5. Ebenso.

2270. Der Friede und der Ueberfluss. Idem inv. 4. B. 10. Schöner erster Druck, oben verschnitten.

2271. Dasselbe, nur die Strichplatte des vierten Zustandes.

M. J. Corneille.

2272. Cleopatra mit der Schlange. qu. fol. R.-D. 27. Selten.

P. A. Cotta.

2273. 10 Bl. Kinder und Geniengruppen in Lünetten. G. Reni p. fol. Schön und selten. Fleckig.

J. Dassonville.

2274. Die Alte und die beiden Kinder. R.-D. 4.

2275. Die Lauserin. 8. R.-D. 5.

2276. Aehnliche Darstellung. 8. R.-D. 6.

2277. Der unterbrochene Gesang. 8. R.-D. 7.

2278. Bauerngesellschaft. 8. R.-D. 19.

2279. Der Zeitungsleser. 8. R.-D. 25.

2280. Die säugende Mutter. qu. 8. R.-D. 26.

L. Daven (Thiry).

2281. Psyche schöpft Wasser aus dem von dem Drachen bewachten Brunnen. J. Romano p. qu. fol. Oben gerundet. B. 46. Selten.

V. Denon.

2282. Die Anbetung der Hirten. P. da Cortona p. gr. qu. fol. Schöner Abdruck, vor aller Schrift.

2283. Gruppe von drei Löwen. J. Quadal p. qu. fol.

A. C. Dies.

2284. 10 Bl. der italienischen Ansichten aus dem Werke von Dies, Mechau u. Reinhart. qu. fol. Einige doppelt.

C. W. E. Dietrich.

2285. Die Flucht der h. Familie. qu. 4. Linck 12. Schoner und seltener zweiter Druck.

2286. Der Rattengiftverkäufer. 4. L. 70. Selten.

2287. Der Arkanist Herold. 4. L. 95. Schöner zweiter Druck.

2288. Die zwei hölzernen Häuser am Wasser. qu. 8. L. 132. Schöner und seltener erster Druck.

2289. Die Landschaft mit dem Basrelief. qu. 8. L. 133. Schöner zweiter Druck mit vollem Rande.

2290. Der Weg durch den Felsen. qu. 8. L. 140. Seltener erster Druck.

2291. Die Einsiedelei zwischen Felsen. qu. 8. L. 145. Schöner und seltener erster Druck, mit vollem Rande.

2292. Der Fluss zwischen hohen Felsen-Ufern. kl. qu. fol. L. 148. Seltener zweiter Druck, ebenso.

2293. Der Wartthum. qu. 4. L. 152. Schöner erster Druck.

P. Drevet.

2294. J. B. Keller auf die von ihm gegossene Statue zeigend. H. Rigaud p. gr. fol. Hauptblatt in schönem Druck.

2295. G. de Vintimille. Idem p. gr. fol. Guter Abdruck.

2296. Ludov. Alex. Bourbonius. F. de Troy p. gr. fol. Ebenso. Scharf beschnitten.

2297. P. de Courcillon de Dangeau. H. Rigaud p. fol. Schöner Druck.

2298. M. de Mitantier. N. de Largillière p. gr. fol. Ohne Plattenrand.

G. Duchange.

2299. A. Coypel an der Staffelei mit seinem Sohne neben sich. A. Coypel p. fol. Schönes Hauptblatt.

2300. Ch. de la Fosse. H. Rigaud p. fol. Receptionsblatt.

Ch. Dupuis.

2301. N. de Largillière. Geulain p. fol. Receptionsblatt. Schöner Druck.

2302. N. Coustou. Le Gros p. fol. Ebenso.

J. van Dyck.

2303. 3 Bl. historische Darstellungen. 1853. 4. Radirt.

R. Eberle.

2304. Die Wäscherinnen und der Ziegenbock. qu. 4. Chines. Papier.

G. Edelinck.

2305. J. B. de Blye, Präsident. Ladam p. fol. R.-D. 179. Guter Abdruck.

2306. A. Furetière, Mitglied der Akademie. de Sève p. fol. R.-D. 209. Ebenso.

2307. F. M. le Tellier, Marquis de Louvois. Mignard p. R.-D. 261. gr. qu. fol. Guter Abdruck.

2308. J. H. Mansard. H. Rigaud p. gr. fol. R.-D. 268. Schöner zweiter Druck, vor der Adresse.

G. Eisenmann.

2309. 6 Bl. Landschaften. qu. fol.

J. C. Erhard.

2310. Russische Cuirassiere. qu. 4. Guter Druck, wie die Folgenden.

2311. Russische Pulverwagen in Nürnberg. qu. 4.

2312. Die Landschaft mit der Bildsäule und dem grüssenden Wanderer. qu. fol.

2313. Russen mit Pferd und Wagen. qu. 8.

2314. Der Dudelsackbläser. 8.

2315. Landschaft mit Ziegenheerde rechts am Berge. qu. 4.

2316. Die Landschaft mit dem Jäger auf dem Steg. qu. fol.

2317. Die Landschaft mit dem Hirten und Kuh und Kalb. qu. fol.

2318. Die Landschaft mit dem Schiebkärrner. qu. fol.

2319. Bei Muggendorf. qu. fol.

A. v. Everdingen.

2320. Landschaft. qu. 8. B. 74. Guter Abdruck.

2321. Der Fluss im Walde. qu. 4. B. 101. Schöner Druck.

2322. 3 Bl. Landschaften. qu. 8. B. 18. 28. 94.

F. Ezdorf.

2323. Waldiges Ufer mit vom Sturme entwurzeltem Baume. qu. fol.

J. Falk.

2324. Die Kreuztragung. P. Veronese p. Cab. de Reynst. fol.

2325. Das Gesicht des Petrus. J. Lis p. fol. Dem Meister zugeschrieben.

H. Farinati.

2326. Die heil. Familie in der Landschaft. qu. fol. B. 4. Guter Druck.

2327. Die Engel mit dem Kreuz. qu. fol. B. 5.

E. Fechner.

2328. 10 Bl. Portraits und Gruppen, dabei Napoleon I., Maria Wieck, des Künstlers Mutter u. s. w. fol. Geistreiche Radirungen.

2329. Des Künstlers Mutter, Brustbild. 8.

2330. Jugendliches weibliches Brustbild. 8.

J. de Frey.

2331. Christus heilt die Mutter des Petrus. G. Metzu p. 4. Guter Druck, wie die Folgenden.

2332. Marten Harpertsz Tromp. J. Livens del. fol. Hauptblatt.

2333. C. van Dalen. Se ipse del. fol.

2334. Brustbild eines Kriegers. 4. Vor der Schrift.

2335. Sitzender Alter mit Stock. P. Koning p. fol.

2336. Der Eremit. fol. Schöner und seltener Abdruck, vor aller Schrift.

2337. Der Philosoph. G. Brekelenkamp p. fol.

2338. Halbfigur eines Kriegers. Drost p. 4.

2339. Brustbild eines Mannes mit Federbarett. Rembrandt p. 4.

2340. Sitzender Alter mit Bart. Idem p. fol.

2341. Brustbild eines Mannes mit Hut. Idem p. 4. Schöner und seltener Abdruck vor aller Schrift.

2342. Landschaft mit Wasserfall. Idem p. qu. fol.

2343. Kopf eines Heiligen. 8.

2344. Die Apfel schälende Alte. Rembrandt del. 4.

2345. Der sich aufstützende schlafende Mann. J. Livens del. 4.

2346. Dasselbe. Schöner Druck, auf Chines. Papier.

J. Führich.

2347. 8 Bl. Historische Darstellungen und Schlachten. qu. fol. Seltene und schöne Originallithographien von J. Führich und L. Friese.

2348. Diplom der Gesellschaft der patriotischen Kunstfreunde in Prag. gr. fol. Radirt. Selten.

W. Gail.

2349. Ansicht eines Grabmals in Padua. 4. Chin. Papier.

C. D. Gebauer.

2350. 2 Bl. Ein Kosack mit drei Pferden, und aufsteigender Kosack. qu. 8. und 16. Chines. Papier. Selten.

2351. 2 Bl. Dieselben. Ebenso.

A. Ghisi.

2352. Zwei Amoretten auf Delphinen. J. Romano inv. kl. qu. fol. B. 13. Guter Abdruck.

2353. Diana. 4. B. 18. Ebenso.

G. Ghisi.

2354. 6 Bl. Die Propheten und Sibyllen. Michel Angelo p. gr. fol. B. 17—22. Capitalfolge. Die Adresse ausgerieben.

2355. Die Schule von Athen. Raphael p. qu. roy. fol. Aus 2 Blatt bestehend. B. 24. Hauptblatt.

2356. Neptun auf einer Muschel blasend. P. del Vaga inv. fol. B. 30. Guter Druck.

2357. Venus umarmt Adonis. T. Ghisi inv. fol. B. 42. Schöner erster Abdruck, vor der Draperie und vor der Adresse, ein Bruch in der Mitte unterlegt.

2358. Der schlafende Silen von einem Satyr geweckt. J. Romano inv. qu. fol. B. 55. Guter Druck.

2359. Die Geburt des Memnon. J. Romano inv. qu. fol. B. 57.

2360. Die Gefangenen. Idem inv. qu. fol. B. 66.

J. B. Ghisi.

2361. David schlägt Goliath das Haupt ab. J. Romano p. gr. qu. fol. B. 6. Braun.

2362. Der Fluss Po. qu. 4. B. 19. Schöner Druck.

H. Goltzius.

2363. 3 Bl. Die Statuen des Apollo, des Herkules, und Commodus. gr. fol. B. 143—145. Schöne alte Abdrücke.

2364. St. Johannes in der Wüste. Clair obscur. kl. fol. B. 226. Schöner Abdruck und selten.

P. Gottland.

2365. 2 Bl. Sächsische Herzöge. Holzschnitt. fol. Aus einem Buche.

H. Goudt.

2366. Die Landschaft mit dem kleinen Tobias. A. Elsheimer p. qu. fol. Guter Abdruck.

2367. Die Mondscheinlandschaft mit der Flucht nach Egypten. Idem p. qu. fol. Eingetuscht.

2368. Ceres und Stellio. Idem p. fol. Guter Abdruck, eine Ecke restaurirt.

2369. Die Morgenröthe. Idem p. qu. 4.

J. van Goyen.

2370. 5 Bl. Die Dorfansichten. qu. 4. Schöne Abdrücke dieser seltenen Folge.

A. Graff.

2371. 3 Bl. Sein eigenes Portrait, Prof. Sulzer, und Kaufmann Basse. 4.

F. Grimaldi.

2372. Landschaft mit grossem Baume. fol. B. 12. Schöner erster Abdruck.

2373. 2 Bl. Landschaften. qu. 4. B. 25. 26.

2374. Die Landschaft mit dem Vogel auf dem Baumstamm. qu. fol. B. 40. Vorzüglicher erster Abdruck.

G. Groenewegen.

2375. 12 Bl. Verschiedene holländische Schiffe. qu. 4. Folge.

Remy van Haanen.

2376. Eingang in einen Wald. fol. Schöner Abdruck auf Chines. Papier.

2377. Eichen am Flussufer. qu. 4. Ebenso.

2378. Ein Canal mit Schiffen bei Mondschein. qu. fol. Ebenso.

S. Habenschaden.

2379. Eine Alpe. qu. 4. Chines. Papier.
2380. Zwei sich stossende Esel. 4. Ebenso.

J. Hall.

2381. Papst Clemens IX. im Lehnstuhl sitzend. C. Maratti p. gr. fol. Schöner und seltener Abdruck vor aller Schrift, nur mit dem Wappen.

J. Hardenberg.

2382. 2 Bl. Stadtansichten. qu. 4. Chines. Papier.

H. Harpignies.

2383. Landschaft mit Wasser u. Baumgruppen. A. Knyff p. qu. 4. Ebenso.

G. de Heer.

2384. Grosses Zigeunerlager. gr. qu. fol. Auf Pergament gedruckt. Oben verschnitten. Sehr selten.

J. Heppener.

2385. 2 Bl. Kuhkopf u. Ziegenkopf. 8. Chines. Papier.
2386. 2 Bl. Kleine Landschaften. qu. 8. Ebenso.

Eugen Hess.

2387. Jäger mit einem erlegten grossen Hirsch. qu. fol. Ebenso.

P. Hess.

2388. Die Maler auf der Alp. qu. 4.

P. Hörberg.

2389. Ecce Homo. Rund 16. Selten.

W. Hogarth.

2390. Die Zeit räuchert ein Gemälde. fol.
2391. J. Wilkes Esq. fol. Guter Druck.
2392. Simon Lord Lovat. fol. Ebenso.

W. Hollar.

2393. Die Landschaft mit Tobias. A. Elsheimer p. qu. fol. P. 75. Guter Abdruck, selten.
2394. Die Bauernschlägerei. P. Breughel inv. qu. fol. P. 599. Ebenso, ohne Unterrand.
2395. Dormanskirch und Rindorp. qu. fol. P. 840.
2396. Die Landschaft mit der Steinbrücke. A. Elsheimer p. qu. fol. P. 1222. Guter Druck.

2397. 6 Bl. der Folge der Schiffe. qu. fol. P. 1261—65.
71. Gute Abdrücke.

2398. G. della Casa. Titian p. fol. P. 1339. Ebenso.

2399. Graf von Arundel. A. van Dyck p. fol. P. 1353.

2400. Gräfin von Arundel. Idem p. fol. P. 1354. Vor
der Retouche, scharf beschnitten und die Adresse ausradirt.

2401. Dieselbe. Ebenso, mit der Retouche.

2402. Die Herzogin von Lenox. Idem p. fol. P. 1457.

2403. Die katholische Maria. Holbein p. Rund 4.
P. 1465.

2404. Mr. Morett. Idem p. Rund 4. P. 1470.

2405. Raphael von Urbino. Se ipse p. fol. J. 1486. Guter Druck.

2406. Henriette Maria. Brustbild. A. van Dyck p. 4.
P. 1537. Ebenso.

2407. Männliches Brustbild mit Gliederkette. Holbein inv.
8. P. 1548.

2408. Katharina von Aragon. Idem p. 4. P. 1549.
Guter Abdruck.

2409. Herzog von Suffolk. Idem p. 8. P. 1554. Ebenso.

2410. 8 Bl. Zerrbilder und Köpfe nach Leonardo da
Vinci. qu. 8. P. 1591—1596. 1599. 1601.

2411. Zwei verzerrte Köpfe. L. da Vinci inv. qu. 8.
P. 1601. Vor der Nummer.

2412. Drei sich deckende Köpfe. Idem inv. qu. 8. J. 1605.

2413. 3 Bl. Frauenfiguren. 8. P. 1862, 1871, 1887.
Scharf beschnitten.

2414. Die Dame mit Bandschleifen. 4. P. 1912.

2415. Die Frau mit Mühlsteinkragen. 4. P. 1919. Schöner Druck.

2416. Desgl. mit Knöpfen am Mieder. 4. P. 1920. Ebenso,
beschnitten.

2417. Desgl. mit Knöpfen auf der Achsel. 4. P. 1921.
Desgl.

2418. Desgl. mit Stirnnadel. 4. P. 1922. Ebenso.

2419. Die Frau mit der Kugelmütze. 4. P. 1937. Desgl.

2420. Wiener Edelfrau. 4. P. 1939. Ebenso.

2421. Bürgersfrau aus Antwerpen. 4. P. 1944. Desgl.

2422. Dasselbe.

2423. Muff und Pelzüberwurf. qu. 8. P. 1947. Guter
Abdruck. Knapp beschnitten.

2424. Der Esel. Bassano del. qu. 8. P. 2090. Guter
Druck.
2425. Das Mädchen mit der Zeichentafel, Varie figurae.
qu. 8. P. 2671.
2426. 29 Bl. Landschaften und Köpfe aus dem Reissbüch-
lein. Verschiedenes Format.

F. Janinet.

2427. Max de Bethune, Duc de Sully. Rubens p. fol.
Seltener Farbendruck, ohne Plattenrand.

J. Janson.

2428. Felsige Landschaft mit Kuhheerde. fol. Selten.
2429. Landschaft mit Heerde. fol. Ebenso.

E. Jeaurat.

2430. N. Vleughels, malend. A. Pesne p. fol. Guter
Abdruck.

Th. v. Kessel.

2431. Gefecht von Reiterei und Fussvolk. P. Snayers inv.
qu. fol. Selten.
2432. Die drei Grazien mit einem Füllhorn. P. P. Rubens fec. gr. fol. Seltenes Hauptblatt in
gutem Abdruck.

E. Kirchner.

2433. Die Eingangspforte eines Schlosses. 8.
2434. Dorfgasse in Tirol. qu. 4. Chines. Papier.

J. S. Klauber.

2435. Hertzberg. Schroeder p. fol. Guter Abdruck.
2436. J. F. Bause. A. Graff p. fol. Ebenso.
2437. Caspar Netscher in dem Fensterbogen stehend. fol.
Se ipse p. Desgl.

C. Küchler.

2438. F. Overbeck. fol. Chines. Papier.
2439. A. Thorwaldsen. fol. Ebenso.
2440. J. M. Wagner. fol. Ebenso.

M. Kuytenbrouwer.

2441. Waldgegend mit lagernden Soldaten. 4. Chines.
Papier.

P. de Laer.

2442. 6 Bl. Die Pferde. qu. 8. B. 9—14.
2443. Die Frau mit dem Stock. 12. B. 19.

N. de Larmessin.

2444. G. Coustou. J. Lien p. fol. Receptionsblatt. Schöner Abdruck.

2445. Claude Hallé. Le Gros p. fol. Ebenso.

J. Livens.

2446. Die Spieler und der Tod. qu. fol. B. 11.

2447. Brustbild eines Orientalen. 4. B. 18. Schöner Druck.

2448. Junges Mädchen mit aufgelösten Haaren. 4. B. 25. Ebenso.

2449. Brustbild eines jungen Mannes mit Mütze. 4. B. 26. Ebenso.

2450. Brustbild einer alten Frau. 4. B. 30. Ebenso. Scharf beschnitten.

W. Linnig.

2451. 2 Bl. Alter Mann mit Stock, und Waldlandschaft. 8. u. qu. 8.

A. Lion.

2452. Ein mittelalterliches Zimmer mit berathenden Offi- cieren. fol. Chines. Papier.

O. Lioni.

2453. Männliches Brustbild. 4. B. 1. Guter Abdruck wie die Folgenden.

2454. Gabriel Ciabrera. 4. B. 21.

2455. Marcellus Provencalis. 4. B. 33.

A. Loir.

2456. Der abgenommene Christus von den Seinen beweint. N. Loir p. gr. fol.

L. Loli.

2457. Zwei kämpfende Amoretten. 4. B. 19.

2458. Zwei Amoretten. 4. B. 22.

2459. Genius mit Füllhorn. 4. B. 30.

V. M.

2460. Der Märtyrertod des heil. Matthäus, nach L. Cra- nach. 4. B. 7. Selten.

A. Malardot.

2461. 2 Bl. Wald- und Gebirgslandschaft, in Ovalen. fol. Chines. Papier.

A. Mantegna.

2462. Der auferstandene Christus, zur Seite die heil. An-

dreas und Longinus. fol. B. 6. Seltenes Hauptblatt in Abdruck mit dem Reiber, aber wegen
vieler Beschädigungen aufgezogen.

2463. Die Elephanten mit den Leuchtern. fol. B. 12.
Ebenso.

C. Maratti.

2464. Die Verkündigung. fol. B. 2. Schöner alter
Abdruck.

2465. Der Besuch der Maria bei Elisabeth. fol. B. 3.

2466. Die Anbetung der Könige. fol. B. 5.

2467. Maria zeigt der Magdalena das Christuskind. 4. B. 6.

2468. Dasselbe. Seltener Abdruck, vor der Schrift.

2469. Maria mit dem Kinde und Johannes. 4. B. 9.

2470. Dasselbe. Vor der Einfassungslinie links.

2471. Die Verlobung der heil. Catharina. 4. B. 10.

2472. Dasselbe. Vor der Einfassungslinie rechts.

A. de Marcenay.

2473. La Fleuriste. G. Dow p. fol. Schöner Druck.

J. Mechau.

2474. 6 Bl. kleine römische Ansichten. qu. 4.

A. Menzel.

2475. Roccocozimmer mit einer lesenden Dame am Kamin.
fol. Orig.-Lithogr. auf Chines. Papier.

B. Mercati.

2476. Die heil. Bibiena verweigert den Götzendienst. fol.
B. 5. Guter Abdruck.

C. Metz.

2477. Phil. Melanchthon. H. Holbein del. Punktirt. fol.
Bunt gedruckt.

F. Milet.

2478. Landschaft mit der jungen Frau, welche das Packet
trägt. qu. fol. B. 3. Erster Abdruck, vor
der Adresse, mit dem weissen Thurme.

2479. Landschaft mit den Töchtern des Cecrops. qu. fol.
B. 10. Guter Abdruck, wie die Folgenden.

2480. Landschaft. qu. fol. B. 13.

2481. Landschaft. qu. fol. B. 14.

2482. Landschaft mit Cephalus und Procris. qu. fol.
B. 16.

B. Moncornet.

2483. Maria mit dem gewickelten Kinde, nach Dürer. 8. Schöner Abdruck, beschnitten.

G. Mitelli.

2484. 23 Bl. der Handwerker von Bologna. fol. Schöne Drücke. Gebunden.

J. Baptiste Monnoyer.

2485. 9 Bl. Blumen in Vasen. gr. fol. R.-D. 13 — 21. Seltene Hauptblätter in schönen Drücken.

E. Morace.

2486. Angelica Kauffmann. Reynolds p. fol.

P. Morelse.

2487. Der Tod der Lucrezia. qu. fol. Clair obscur. Guter Abdruck.

2488. Amor von zwei jungen Frauen geführt. qu. fol. Ebenso.

Chr. Morgenstern.

2489. Ein Holzträger auf einer Brücke über einen Gebirgsbach. qu. fol. 4.

J. G. Müller.

2490. Moses Mendelssohn. Frisch p. fol.

R. Nanteuil.

2491. V. le Bouthillier. gr. qu. fol. R.-D. 56. Guter Abdruck, scharf beschnitten.

2492. G. Chamillard. fol. R.-D. 59. Scharf beschnitten.

2493. L. Hesselin. fol. R.-D. 110. Schöner Druck. Ebenso.

2494. M. le Masle. fol. R.-D. 126. Schöner erster Druck.

2495. Marie de Savoye. fol. R.-D. 169. Schöner und seltener erster Druck.

2496. A. le Fèvre d'Ormesson. fol. R.-D. 209. Ebenso.

2497. G. de Scudery. fol. R.-D. 229. Schöner erster Druck.

E. Neureuther.

2498. Landschaft mit Angler. qu. 4. Chines. Papier.

2499. Amor steuert ein Floss mit einem Fasse. qu. 8. Desgl.

F. de Neue.

2500. Die Landschaft mit der tambourinspielenden Hirtin qu. fol. B. 13. Guter Abdruck.

C. van Noorde.

2501. 2 Bl. Kühe auf der Weide. qu. 4. Selten.

J. Ossenbeck.

2502. Die Cafarella. qu. fol. B. 25.

A. v. Ostade.

2503. Des Künstlers Portrait. Ipse p. J. Gole sc. Geschabt. fol.

2504. Der Bauer mit der spitzen Mütze. 8. B. 4. Eingetuscht.

2505. Der Bauer, der sich seine Pfeife anzündet. Oval. 8. B. 5.

2506. Der Leiermann. 4. B. 8. Vor der Vereinigung der Conturen auf der Schulter. Aus Weber's Sammlung.

2507. Die Mutter mit den beiden Kindern. 8. B. 14. Vor der diagonalen Schraffirung unter dem rechten Arme der Frau.

2508. Die nächtlichen Sänger im Fenster. fol. B. 19. Alter Abdruck, ohne Plattenrand.

2509. Der Bettler mit krummem Rücken. 8. B. 20.

2510. Die Scheune. qu. fol. B. 23. Guter Abdruck, mit der Schraffirung.

2511. Der Raucher und der Trinker. 8. B. 24a. Mit schwacher Bordüre. Selten.

2512. Die Weiferin vor der Hausthür. 8. B. 25. Guter Druck.

2513. Die drei grotesken Figuren. 8. B. 28. Guter Abdruck.

2514. Der Familienvater. 4. B. 33. Ebenso.

2515. Die Triktrakspieler. 8. B. 39.

2516. Die Gevatterinnen. 4. B. 40.

2517. Die Familie. fol. B. 46. Schöner alter Abdruck, vor Hinzufügung der schwarzkunstähnlichen Arbeiten, sehr selten.

2518. Das Fest unter dem grossen Baume. qu. fol. B. 48.

2519. 5 Bl. Radirungen nach Zeichnungen von Ostade. 8. und qu. 8.

F. Overbeck.

2520. Der h. Philippus. gr. 8. Chines. Papier.

2521. Betender Mönch. 8. Vor dem Monogramm.

P. Ozanne.

2522. 6 Bl. Hafenansichten. N. Ozanne inv. qu. fol.

F. Parmeggiano.

2523. Die Grablegung. fol. B. 5. Seltener Abdruck vor der Retouche, am Rande restaurirt.

2524. Gruppe von Opfernden. F. P. sc. 8. B. 18.

A. Petrak.

2525. Die heilige Familie vor der Flucht. J. Führich inv. qu. fol.

P. del Po.

2526. Maria beweint den Leichnam Christi. A. Carracci inv. fol. B. 10.

2527. Die Verehrung der Madonna. D. Dominichino p. gr. fol. B. 23. Schöner Druck.

P. Pontius.

2528. Elisabeth von Bourbon. P. P. Rubens p. gr. fol. Guter Abdruck.

J. Portaels.

2529. Thor in Cairo. 4. Chines. Papier.

2530. Sitzender römischer Hirt. kl. fol. Desgl.

D. Quaglio.

2531. 12 kleine Ansichten von München. fol. u. qu. fol. In Umschlag.

Marc-Anton Raimondi.

2532. Die Marter der h. Felicitas. Raphael inv. B. 117. Hauptblatt in altem Abdruck, aber etwas schmutzig, beschnitten und restaurirt.

2533. Der alte und der junge Bacchant. Idem inv. kl. fol. B. 294.

2534. Der Faun und der Tiger. fol. B. 307. Guter Abdruck.

2535. Der junge Olymp. fol. B. 309. Schöner Druck, braun und aufgezogen.

2536. Mars, Venus und Amor. Nach Mantegna. fol. B. 345.

2537. Die Gerechtigkeit. fol. B. 388. Guter Druck.

2538. Die Hoffnung. fol. B. 391. Ebenso.

2539. Die Klugheit. kl. fol. B. 392. Fleckig.

2540. Christus heilt einen Blinden. P. del Vaga inv.

Schule des Raimondi, wie die Folgenden. gr. qu. fol.
Schöner Druck, ein Riss unterlegt.

2541. Der Tod der Niobiden. qu. fol. B. -13. Schöner
Druck.

2542. Junge Frau in einer Landschaft, mit einem Falken
und einem Schwert in den Händen, hinter ihr ein
Löwe. 4. Fehlt B.

M. da Ravenna.

2543. Die Stärke, weibliche Figur mit einem Löwen. fol.
B. 395. Alter Druck; braun.

C. Reinhart.

2544. Der Reiter bei der Betsäule. fol. Selten.

2545. Liegende Kuh und Kalb. qu. fol. Selten. Aetzdruck mit Bleistiftretouchen.

2546. 6 Bl. Römische Grabmäler. qu. fol. Mit Nadelschrift.

2547. 6 Bl. Dieselben. Ebenso.

2548. 2 Bl. Reiche italienische Landschaften. qu. fol. Auf
Tonpapier.

2549. 2 Bl. Die Landschaften mit den Satyrn. qu. fol.
Ebenso.

Rembrandt van Rhyn.

2550. Portrait Rembrandt's mit der Schärpe um den Hals.
4. B. 17. Guter Abdruck.

2551. Derselbe mit der Federmütze. 4. B. 20. Guter
Abdruck.

2552. Das Opfer Abraham's. 4. B. 34. Die schöne dem
Mieris zugeschriebene Copie.

2553. Die heil. Familie auf der Flucht. 4. B. 53.

2554. Der Zinsgroschen. qu. 8. B. 68.

2555. Christus treibt die Verkäufer aus dem Tempel. qu. 4.
B. 69.

2556. Die kleine Erweckung des Lazarus. 4. B. 72. Sehr
guter Abdruck.

2557. Die grossen Jünger zu Emaus. fol. B. 82.

2558. Der betende heil. Hieronymus. 8. B. 101. Alter
Abdruck.

2559. Derselbe, anders. 8. B. 102. Guter Abdruck.

2560. Der heil. Hieronymus im Zimmer. qu. 4. B. 105.
Ebenso.

2561. Der Stern der heil. drei Könige. qu. 8. B. 113. Ebenso.

2562. Die drei Orientalen vor der Hausthür. 4. B. 118.

2563. Die wandernden Musikanten. 4. B. 119. Guter Abdruck.

2564. Die Waffelbäckerin. 8. B. 124.

2565. Der Zeichner nach der Büste. 8. 'B. 130. Vor der Retouche.

2566. Die Bettlerfamilie. 4. B. 131. Alter Abdruck, aufgezogen und beschnitten.

2567. Der Reiter. 8. B. 139. Guter Abdruck.

2568. Der Philosoph bei Lampenlicht. 4. B. 148. Ebenso.

2569. Das Bettlerpaar. 8. B. 164. Ebenso.

2570. Die alte Bettlerin. 8. B. 170. Ebenso, selten.

2571. Die Landschaft mit der Segelbarke. qu. fol. B. 228. Ebenso, scharf beschnitten.

2572. Der Greis mit viereckigem Bart. 4. B. 265.

2573. Menasse Ben Israel. 4. B. 269.

2574. Clemendt de Jonghe. fol. B. 272. Leidlicher Abdruck.

2575. J. Asselyn. fol. B. 277.

2576. Orientalisches Brustbild. 4. B. 290. Guter Abdruck.

2577. Männliches Brustbild. 8. B. 315. Ebenso, selten, braun.

2578. Brustbild mit emporstehendem Schnurrbart. 8. B. 321. Ebenso.

2579. Die lesende Frau. 4. B. 345. Ebenso, selten. Scharf beschnitten.

2580. Die Beschneidung. fol. B. Ap. 7.

G. Ribera, Spagnoletto.

2581. Der heil. Hieronymus hört die Trompete des Gerichts. B. 4. Etwas fleckig.

2582. Der heil. Petrus. fol. B. 7. Guter Abdruck.

Robetta.

2583. Die Anbetung der Könige. fol. B. 6. Guter späterer Abdruck.

2584. Der büssende heil. Hieronymus. fol. Dem Meister zugeschrieben. Selten.

R. Roghman.

2585. 4 Bl. Landschaften. qu. 4. B. 28—31.

2586. 6 Bl. Ansichten im Hag'schen Busch. qu. fol. B. 1—6.

G. Ph. Rugendas.

2587. 8 Bl. Diversi pensieri. 4. Erste Drücke mit Wolff's Adresse.

H. Sachtleven.

2588. Eignes Portrait. 4. B. 1. Guter Abdruck.

2589. Die Landschaft mit der Kuhmelkerin. qu. fol. B. 34. Erster Druck, etwas beschnitten und getuscht.

V. Salimbeni.

2590. Der heil. Anna und dem heiligen Joachim erscheint die Madonna. fol. B. 1. Erster Abdruck, vor der Adresse.

C. du Sart.

2591. Die Schreier. Oval. 8. B. 1. Alter Druck.

2592. Der berühmte Schuhmacher. fol. B. 14. Schöner Druck mit Gole's Adresse.

2593 Die Dorfkirmess. qu. fol. B. 16. Guter späterer Druck.

G. Scarsello.

2594. Saturn. 4. fol. B. 2.

2595. Kinderbacchanal. fol. B. 3.

2596. Amor auf dem Delphin. fol. B. 4. Aufgezogen.

M. Schaep.

2597. 12 Bl. Die Galeerensclaven. qu. 4. Gute Abdrücke.

Th. Schaepkens.

2598. Eine Gruppe schwebender Engel. qu. 4.

2599. 2 Bl. Figürliche Darstellungen. qu. 8. u. 4.

P. Schenk.

2600. Kaiserin Eleonore. Brustbbild in einem Blumenkranz. fol. In Farben gedruckt.

R. Schiaminossi.

2601. 2 Bl. Christus und Maria auf Wolken. Rund 4. B. 33. 34.

2602. Magdalena von Engeln getragen. fol. B. 91.

H. Schmolze.

2603. Vertheidigung einer Burg. 4. Chines. Papier.

J. Schmutzer.

2604. C. W. E. Dietrich zeichnend. Ipse p. fol. Guter
Abdruck, vor der Adresse.

A. Severin.

2605. 9 Bl. Landschaften. qu. 8. Chines. Papier.

P. Soutman.

2606. Der Martyrertod des heil. Laurentius. Elsheimer inv.
fol. Schöner Druck.

2607. Der Sultan mit seinem Gefolge. P. P. Rubens inv. fol.

J. Suyderhoef.

2608. M. Z. Boxhornius. Dubordieu inv. fol. Wussin 14.
Schöner erster Druck, der Kopf etwas fleckig.

2609. Die vier Bürgermeister von Amsterdam. qu. fol.
W. 102. Leidlicher Abdruck.

D. Teniers.

2610. 4 Bl. Bauerngruppen. 8. Rig. 2—5.

2611. Sitzender Bauer der eine Guitarre stimmt. 8. Rig.
unbekannt. Schöner Druck.

A. da Trento.

2612. Augustus und die Tiburtinische Sibylle. Parmeggiano inv. fol. Clair-obscur, wie die Folgenden.
B. 7. Guter Druck, wie die Folgenden.

2613. Der Philosoph. Idem inv. B. 1. Aufgezogen.

2614. Der Lautenspieler. Idem inv. 4. B. 3.

2615. Der Mann vom Rücken gesehen. Idem inv. fol.
B. 13.

Unbekannt.

2616. Männliches Brustbild, bezeichnet K. R. P. K. (P.
Kolb.) 8.

2617. Studienblatt mit einem männlichen Kopf und einem
Pferde. 4.

2618. Landschaft mit einer Mühle am Flusse und einem
Jäger vorn; bezeichnet H. D. In Vinkenboom's
Manier. qu. 8.

2619. Landschaft mit Fluss und Schloss auf hohem Felsen.
qu. 8. Geistreich radirt.

2620. Landschaft mit waldigen Flussufern und ruhenden
Lastträgern. qu. 8.

2621. Ein Pferd ganz vom Rücken gesehen. 8.

2622. Saufende Kuh im Wasser. kl. fol.

2623. Ein Reiher und ein Eisvogel an einem Flusse. qu. fol.

A. Verboom.

2624. Der Sumpf. qu. 4. B. 2.

J. W. Vertommen.

2625. Ein mittelalterliches Familienzimmer. qu. fol. Chines·
Papier.

E. Vico.

2626. Der heil. Georg tödtet den Drachen. J. Clovio
inv. qu. fol. B. 12. Schöner Druck.

2627. Lucrezia sich erstechend. Raphael inv. fol. B. 16.

2628. Die Göttin Flora. fol. B. 23. Guter Druck, etwas verschnitten.

2629. 19 Bl. der emblematischen Darstellungen. 8. B. 51,
52, 54, 55, 58, 62, 65, 66, 71—74, 76, 77, 79, 80,
83, 84, 91.

G. du Vivier.

2630. Die Evangelisten. qu. fol. R.-D. 2. Selten.

2631. Die Versuchung des Antonius. A. v. Heuvel inv.
fol. R.-D. 3. Schöner Druck.

2632. Die Köchinnen. Idem p. qu. fol. 'R.-D. 5.

J. G. v. Vliet.

2633. Die Grablegung. fol. B. 9. Schöner Druck
scharf beschnitten.

2634. 5 Bl. Die Sinne. fol. B. 27 — 34. Gute Abdrücke.

A. Waterloo.

2635. Landschaft. 4. B. 6.

2636. 2 Bl. desgl. 4. B. 35. 36. Gute alte Abdrücke.

2637. Die beiden Männer am Zaun. qu. 4. B. 56. Ebenso.

2638. Landschaft. B. 62. 4. Ebenso.

2639. Der Platz vor der Herberge. qu. fol. B. 95. Selten, wie die Folgenden.

2640. Die Stadt in Ruinen. qu. fol. B. 96.

2641. Die beiden Brücken. qu. fol. B. 97.

2642. Dasselbe.

2643. Die Reisenden am Rande des grossen Weges. qu. fol.
B. 98.

2644. Dasselbe.

2645. Die natürliche Allee. qu. fol. B. 99.

2646. Das grosse Thor. qu. fol. B. 100.

2647. Dasselbe.

2648. Die beiden Steinbrücken. qu. fol. B. 101.

2649. Die Heerde bei der Steinbrücke. qu. fol. B. 102.

2650. Die kleine Mühle im Walde. qu. fol. B. 103.

2651. Der Falkonier. qu. fol. B. 104. Beschnitten.

2652. Die ruhenden Jäger. qu. fol. B. 105.

2653. Das Dorf auf der Anhöhe. qu. fol. B. 106.

2654. 3 Bl. Landschaften. qu. fol. B. 109, 110, 117. Aeltere Abdrücke.

2655. 5 Bl. Landschaften mit mythologischer Staffage. fol. B. 125, 127—130. Gute spätere Abdrücke.

2656. 7 Bl. Landschaften. 4. qu. fol. B. 21, 25, 49. 67 doppelt, 69, 117.

C. Watson.

2657. W. Woollett. G. Stuart p. Punktirt. fol.

F. E. Weirotter.

2658. 6 Bl. Umgebungen von Andelis. qu. fol.

2659. 5 Bl. Deuxième suite des ruines et paysages. fol.

2660. 5 Bl. Première suite de paysages. qu. 4.

2661. 5 Bl. Deuxième suite de paysages. qu. 8. Ebenso.

J. G. Wille.

2662. J. Parrocel. H. Rigaud p. fol. Schöner Druck.

2663. A. de Singlin. P. Champaigne p. fol. Ebenso.

J. Wintter.

2664. Eine Affenbarbierstube. qu. fol. Selten, braun.

Meister mit dem Würfel.

2665. Apollo lässt den Marsias schinden. Raphael inv. qu. fol. B. 31. Guter Abdruck, mit der Retouche.

2666. Die antike Seeschlacht. qu. fol. B. 78. Guter Abdruck.

Th. Wyck.

2667. Die Spinnerin. 12. B. 1. Guter Abdruck.

2668. Die Schmiede. qu. 8. B. 9. Ebenso.

2669. Die Küche beim Ziehbrunnen. 4. B. 13.

A. M. Zanetti.

2670. Ein trunkener Faun. Oval. 8. Radirt. Selten.

2671. Das Titelblatt. kl. fol. Clair-obscur. Selten, wie die Folgenden. B. 1.

2672. Junger Mann mit ausgestrecktem Arm. 8. B. 9.
2673. Der heil. Andreas. 8. B. 10.
2674. Ein schwebender Engel. 8. B. 15.
2675. Stehender Greis. 8. B. 20.
2676. Derselbe von der Gegenseite. 8. B. 60.

Convolute.

2677. 125 Blatt aus der Bilderchronik des Sächsischen Kunstvereins. Gut gehalten, wie die Folgenden.
2678. 246 Bl. Holzschnitte, meist aus Schedel's Chronik.
2679. 73 Bl. Historische und Genredarstellungen
2680. 474 Bl. Landschaften und Ansichten.
2681. 57 Bl. Portraits.
2682. 54 Bl. Figürliches, Bildnisse und Ansichten.

Handzeichnungen.

Die Namen nach Angabe des bisherigen Besitzers.

Altdeutsch.
2683. Die Enthauptung eines Heiligen. Feder. fol.
2684. Ein König auf dem Throne sitzend; oben zwei Engel mit Wappenschildern. Aus Dürer's Zeit. Feder und Farben. fol.

H. S. Beham.
2685. Stehender vornehmer junger Mann. 1539. Tusche. kl. fol.

W. Bemmel.
2686. Heroische Landschaft. Bezeichnet. Tusche. qu. fol.

J. de Beyer.
2687. Ansicht des Fischmarktes und der lutherischen Kirche in Amsterdam. In Farben. qu. fol.

B. Breemberg.
2688. Ponte rotto in Rom. Tusche. qu. fol.

P. Breughel.
2689. Die Sündfluth bricht über die Menschen herein. Feder und Tusche. qu. fol.

L. Clasen.
2690. Catharina von Aragonien und die Cardinäle Wolsey und Campejus. Bezeichnet 1861. Aquarelle. qu. fol.

L. Cranach's Schule.

2691. Christus und die Ehebrecherin auf einer Strasse mit vielen Zuschauern. Reiche Composition. Feder. fol.

C. v. Dalen.

2692. Brustbild eines bärtigen Mannes. Schwarze u. weisse Kreide. gr. fol.

A. Delfos.

2693. Brustbild einer holländischen Bürgersfrau. Kreide. 4.

C. Dolce.

2694. Ein schöner weiblicher Kopf, mit Kopftuch. Rothstein. fol.

J. C. Dorner.

2695. Sumpfige Gegend im Walde mit Jägern. Aquarellirt. qu. fol.

K. von Enhuber.

2696. Bauernstube im bairischen Gebirg mit einer Mutter, welche ihr Kind füttert. Bleistift und weiss gehöht. fol.

C. Ezdorf.

2697. Flussufer mit Eichenwaldung. Sepia. gr. qu. fol.

Ciro Ferri.

2698. Narciss welcher sich im Wasser besieht. Feder. fol.

M. Freistein.

2699. Landschaft mit einer einen Fluss durchschreitenden Heerde. In Farben. gr. qu. fol.

F. Gerhard.

2700. Kloster Güldenstern bei Mühlberg. Bleistift. qu. fol.
2701. Die Kirche zu Schöngraben in Niederösterreich. Tusche. qu. fol.

O. Georgy.

2702. Ansicht des Schlosses Siebeneichen bei einem schweren Gewitter. Ausgeführte Aquarelle. gr. qu. fol.

J. van Goyen.

2703. Canalansicht mit einer Kuhheerde am Ufer. Kreide und Tusche. qu. fol.

F. Grimaldi.

2704. Landschaft mit grossen Bäumen und Schaafheerde vorn. Feder und Tusche. qu. fol.

G. Hahn.

2705. Thurm einer gothischen Kirche in Pirna. Aquarelle. fol.

C. Holsteyn.

2706. 2 Bl. Vögel. In Farben ausgeführt. qu. 8.

M. Hondekoeter.

2707. Ein prächtiger Pfau auf einer Mauer. Tusche. qu. fol.

L. de La Hyre.

2708. Maria betrauert den Leichnam Christi am Fusse des Kreuzes. Rothstein. fol.

Tako Jelgersma.

2709. Ein Hafen mit vielen Schiffen und Staffage. Sepia. qu. fol.

J. Jordaens.

2710. Das Gastmahl des Pharisäers mit Magdalena, welcher Christus die Füsse wäscht. Reiche Composition. Sepia. gr. qu. fol.

J. A. Klein.

2711. Alter Baum und Staffage, bez. „am Dutzendteich bei Nürnberg 1810." Feder und Tusche. kl. qu. fol.

2712. Thor in Neuhaus in der Oberpfalz, bez. 1811. Bleistift. kl. qu. fol.

2713. Kühe im Stall, bez. „in Heiligenkreuz bei Baden 1812." Bleistift und etwas Farbe. kl. qu. fol.

2714. Winterlandschaft mit einer Kirche, bez. „die Kirche in Siffring 1814. Sepia. kl. qu. fol.

2715. Pferde unter dem Vordach einer Schmiede, bez. „Schmiede in Berchtesgaden". Bleistift. kl. qu. fol

2716. Bairische Artillerie im Mannöver, bez. 1848. Ausgeführte Aquarelle. qu. fol.

J. C. Klengel.

2717. Landschaft mit grosser Ruine und reicher Staffage, bez. 1777. Ausgeführte Tuschzeichnung. qu. fol.

2718. Hirten und Heerde bei einem Ziehbrunnen, bez. 1784. Sepia. qu. fol.

2719. Bäuerinnen auf dem Felde, bez. Desgl. qu. fol.

F. Kobell.

2720. Landschaft mit einem ausgespannten Karren und einer ruhenden Familie. Sepia. qu. fol.

A. van Laenen.

2721. Spielende Kinder Feder und Tusche. qu. 8.

P. de Laer.

2722. Zwei Pferde. Auch von ihm radirt. Bleistift. qu. fol.

G. Lamberts.

2723. 4 Bl. Abbildungen eines am 13. April 1822 einge-stürzten Magazines der Ostindischen Compagnie. Schöne Tuschzeichnungen. qu. fol.

G. Lasinio.

2724. Empfang von Geistlichen an der Pforte eines Klosters in Gegenwart von vielem Volk. Reiche Composition nach einem Freskobilde von Cosimo Roselli. Feder und Sepia. gr. qu. fol.

J. v. Liender.

2725. Parkansicht. Feder und Tusche. 4.

2726. Ansicht einer Stadt an einem Canal. Tusche. gr. qu. 8.

A. Linck.

2727. Vue de l'entrée de Cluse, grosse Gebirgslandschaft mit einem Fluss. Mit Kreide auf braunes Papier und Weiss gehöht. gr. qu. fol.

M. von Menz.

2728. Der barmherzige Samariter, bez. 1860. In Sepia. qu. fol.

2729. Die Rückkehr des verlorenen Sohnes, bez. Desgl. fol.

C. Merkel.

2730. Ein Engel schwebt über gefallenen Kriegern, zu Rückert's drei Gesellen. Zarte Bleistiftzeichnung. fol.

2731. Christus sitzend mit zwei Kindern. Ausgeführte Aquarelle. fol.

P. Molyn.

2732. Ansicht einer in einer Ebene gelegenen Stadt. Kreide und Tusche. qu. fol.

F. Moucheron.

2733. Canalansicht. Sepia. qu. 8.

G. Muziano.

2734. Die Stigmatisirung des heil. Franz. Feder und Bister auf blaues Papier und Weiss gehöht. kl. fol.

H. Naiwincx.

2735. Eine am Wasser gelegene Anhöhe mit einem Schloss. Kreide und Bister. qu. fol.

C. Nathe.

2736. Eine Dorfgasse. Feder. kl. qu. fol.

E. Neureuther.

2737. Arabeske auf das Bier. Mit der Feder auf Pause-papier. fol.
2738. Im Mondlicht tanzende Nonnen stürzen sich beim Er-scheinen eines Gnomen in die Tiefe eines Sees, in welchem andere in einer Kapelle Hora singen; zu Uhland's versunkenem Kloster. Capitale Federzeich-nung. gr. fol.

H. Nicolaj.

2739. Thurm aus der Zeit der Longobarden in Ravenna. Aquarellirt. fol.

F. Ockert.

2740. Ein Jagdhund. Rauchbild, etwas colorirt. kl. qu. fol.
2741. Ein stehender Hirsch. Desgl. Oval. kl. fol.
2742. Einer desgl. Desgl. Oval. kl. fol.
2743. Ein Hase. Ebenso. qu. 8.

A. van Ostade.

2744. Die Figur der vom Blatte singenden Frau, welche in der Radirung „die nächtlichen Sänger" B. 19 von der Gegenseite wie hier erscheint. Kreide auf blaues Papier und Weiss gehöht.
2745. Eine Bauernstube mit sechs Figuren. Feder und Bister. 4.
2746. Ein singendes Paar. Feder und Tusche. 4.

F. Parmeggiano.

2747. Stehende weibliche Figur, welche eine Säule umfasst. Feder und Bister. 8.

C. Patzschke.

2748. Ansicht von St. Afra in Meissen. Ausgeführte Sepia-zeichnung. fol.
2749. Ansicht der Kirche in Luckau. Bleistift u. Sepia. fol.
2750. Ein reiches gothisches Portal. Vorzüglich ausgeführte Bleistiftzeichnung. fol.
2751. Zwei Fürsten zu Pferde reichen sich die Hände. Aus-geführte Bleistiftzeichnung nach einem in Speckstein geschnittenen Relief von Dürer. qu. fol.

B. Picart.

2752. 2 Bl. Die Anbetung der Hirten und der Könige. Feder und Tusche. Rund 8.

G. Pozzi.

2753. Innere Ansicht des Chores der Kirche in Ilsenburg mit Staffage. Ausgeführte Sepiazeichnung. fol.
2754. Aeussere Ansicht eines gothischen Chores. Ausgeführte Bleistiftzeichnung. fol.

L. Quaglio.

2755. Ein Jäger nimmt bei Mondschein von einer Sennerin vor der Sennhütte Abschied. Ausgeführte Aquarelle. qu. fol.

E. Quellinus.

2756. Eine Centaurenfamilie mit ihren Kindern in einer Landschaft, rechts von grossen Bäumen überwachsene Ruinen. Tusche. gr. qu. fol.

H. Ramberg.

2757. Ein junges Mädchen auf einem Ruhebett, vor welchem ein Greis in ein Gefäss mit Wasser stürzt; zu Wieland's Gedicht: „die Wasserkufe". Aquarelle. Oval. fol.

F. Rehbein.

2758. Ein Gebirgsthal mit Fluss und Brücke. Aquarelle. kl. fol.
2759. Gebirgsgegend mit grossem Wasserfall. Desgl. fol.
2760. Ansicht von Terracina und Cap Circalla. Desgl. qu. fol.

J. Chr. Reinhart.

2761. Landschaft mit grossen Felsenparthien und alten Bäumen; eine Ziegenheerde und zwei Hirten als Staffage. Capitalzeichnung in Feder und Sepia. qu. roy. fol.

J. Ruysdael.

2762. Ansicht einer Wassermühle. Kreide und Tusche. qu. fol.

J. Saenredam.

2763. Judith mit dem Haupte des Holofernes. Tusche und etwas farbig. fol.

C. Sachtleven.

2764. Ansicht eines alten Hofthores. Feder und Farben. kl. qu. fol.

H. Sachtleven.

2765. Ansicht einer Dorfgasse mit Staffage. Kreide und Tusche. gr. qu. fol.

2766. Alte Ansicht von Amsterdam. Kreide u. Tusche. 4.
2767. Verfallener Chor einer Kirche. Ebenso. kl. fol.
2768. Ansicht einer Doppelcapelle. Kreide u. Sepia. kl. fol.
2769. Ein im Bau begriffener grosser Kahn. Feder. qu. 8.

A. Schiavone.

2770. Maria mit dem Christuskinde und Johannes. Feder und Bister. qu. fol.

G. Schlick.

2771. Illustration zu Heine's Gedicht: „Schlechtes Wetter". Schöne Bleistiftzeichnung. fol.
2772. Desgl. zu Müller's „Bächlein". Ebenso. 4.

V. H. Schnorr v. Karolsfeld.

2773. Zwei junge Mädchen in einem Garten. In Sepia ausgeführt. 8.

P. J. Schotel.

2774. Breiter Canal mit einigen Schiffen. Tusche. qu fol.

M. von Schwind.

2775. Christus erliegt unter der Last des Kreuzes, hinter ihm die heilige Veronika mit dem Schweisstuche. Leichte Feder und Bleistiftzeichnung. gr. fol.
2776. Die heil. Anna lehrt der Maria lesen, unter einem Säulendach. Schöne Bleistiftzeichnung. gr. fol.

L. von Schwanthaler.

2777. Die Krönung eines Siegers bei den olympischen Spielen. Feder. Friesformat.

G. Seghers.

2778. Landschaft mit Bauernhäusern. Feder, Tusche und Farben. qu. fol.

P. Steeven.

2779. Der Eingang über eine grosse Brücke in eine Stadt. Feder und farbig. qu. fol.

H. von Swaneveld.

2780. Die Ruinen der Kaiserpaläste in Rom. Auch von ihm radirt. Sepia. qu. fol.
2781. Italienisches Landhaus unter Bäumen. Feder und Tusche. qu. fol.

J. Tintoretto.

2782. Die Erweckung des Lazarus. Figurenreiche Composition. Feder und Bister. qu. fol.

W. Vaillant.

2783. Zwei stehende englische Prinzen in ganzer Figur, nach A. van Dyck. In Farben ausgeführt. fol.

A. Verboom.

2784. Canalufer mit Staffage. Kreide und Tusche. qu. fol.

C. Visscher.

2785. Männlicher Portraitkopf. Kreide. 4.

W. Vitringa.

2786. Ein Segelboot auf bewegtem Meere. Ausgeführte Tuschzeichnung. kl. qu. fol.

S. de Vlieger.

2787. Terrainstudium. Geistreiche Kreidezeichnung. gr. qu. fol.

C. Chr. Vogel von Vogelstein.

2788. Halbfigur eines jungen Mädchens, welche Rosen pflückt. Bleistift. kl. fol.

J. G. Wagner.

2789. Eine Kuhheerde am Waldrand. Feder. qu. fol.
2790. Sächsisches Dorf. Sepia. qu. fol.
2791. Landschaft mit Brücke über einen Wasserfall. Desgl. kl. qu. fol.

J. M. von Wagner.

2792. Die Jünger u. heiligen Frauen erblicken das Schweisstuch Christi. Feder und Sepia. qu. fol.

C. Werner.

2793. 2 Bl. Mosaik-Details und alte Sessel aus Venedig. In Farben. fol.

H. Wiercx.

2794. Das kleine Pferd nach Dürer's Stich, bez. A. D. Ae. 14. Rothstein. 4.

A. Zimmermann.

2795. Die Grablegung Christi. Schöne Composition in Sepia ausgeführt. qu. fol.

A. Zingg.

2796. 18 Bl. Sächsische und böhmische Ansichten. Radirte Umrisse in Sepia ausgeführt. qu. 8.
2797. 4 Bl. grosse Ansichten. Ebenso.

2798. Ein Packet mit 128 Bl. Zeichnungen. Dabei gute
Sachen und gut gehalten.

— —

Kupferstiche etc.

F. Arnold.

2799. Napoleon Bonaparte. Ganze Figur. H. Dähling del.
Aquatinta. fol. Brüchig u. braun.

C. Coninck.

2800. Adrian Tetrodius. Halbfigur. F. Grebber p. fol.
Aufgezogen und am Rand beschädigt.

D. Custos.

2801. Georg Laub, Arzt. Halbfigur. 4.

G. Ebinger.

2802. Ursula Winckler auf Dölitz. Brustbild. fol.

Gand. Ferrara.

2803. 3 Bl. Ansichten aus Italien. Radirt. qu. fol. qu. 4.

J. A. Friedrich.

2804. Friedrich der Grosse, Brustbild zwischen Waffentro-
phäen. 1758. 8.

J. G. Funck (Architekt).

2805. Ansicht des Opernhauses zu Berlin. Radirt. gr. qu.
fol. Fleckig und am Bild beschnitten.

Gg. Grass.

2806. 4 Bl. Ansichten bei Neapel. Radirt und leicht
schattirt. qu. fol.

J. J. Haid.

2807. Moriz Saxo, Herzog von Curland. Halbfigur in Oval.
Schwarzkunst. fol.
2808. J. A. Schöpf, Maler. Halbfigur mit allegorischer Umgebung. G. de Marées p. Schwarzkunst. fol.

E. Hainzelmann.

2809. David Thoman v. Hagelstein. Brustb. in Oval. F. de
Neve p. fol.

Ch. Kaldenwang.

2810. 4 Bl. Die Tageszeiten. Cl. Lorrain p. qu. roy.
fol. Stockfleckig, 1 Bl. beschädigt.

W. Ketterlinus.

2811. E. Fr. v. Gemmingen. Brustbild in Oval. Ph. G. Lohbauer del. 4.

J. J. Kirchner.

2812. Die Burg zu Nürnberg vom St. Johanniskirchhof aus gesehen. Radirt. qu. fol. Fleckig.

J. A. Koch.

2813. 3 Bl. Compositionen aus Dante's Hölle. Radirt. fol. qu. fol.

M. Merian jun.

2814. Hartm. Mantz, Pfarrer. Brustbild. Radirt. 4.

D. Meyer.

2815. 3 Bl. Bildnisse des R. Walter, J. Oecolampadius u. H. Bullinger. Radirt. 8.

L. Richter.

2816. 6 Bl. Malerische Ansichten von Salzburg. Radirt. In Umschlag. qu. 4.
2817. 6 Bl. Dieselben.

J. Rist.

2818. Charl. Aug. Mathilde, Königin von Würtemberg. Halbfigur. Stirnbrand p. fol.

Ch. Steudner.

2819. C. C. Kuno, Mechaniker. Brustbild. Schwarzkunst. 8.

Joach. v. Sandrart.

2820. Die Flora nach Tizian. Radirt. fol.

Jac. Sandrart.

2821. 2 Bl. J. Hellwig, M. Keller. Aerzte. R. Wernfels u. G. E. Eimart p. 4.

H. Sperling.

2822. J. A. Kulmus. Arzt. Halbfigur. 4.

F. Stenglin.

2823. 2 Bl. Joh. Elisabeth, Herzogin von Würtemberg, Fr. Lud. v. Kniestet. Brustbilder in Ovalen. Schwarzkunst. fol.

E. Stölzel.

2824. San Giovan Evangelista. A. da Fiesole p. qu. fol.
2825. Coronatio SS. Virginis. Raphael p. gr. fol. Fleckig, braun und mit wenig Plattenrand.

11

J. Thürmer.

2826. Un Casino nella Villa Borghese. (Raphaels Haus.) Radirt. qu. fol.

Ch. A. Wortmann.

2827. Franz Anton Graf v. Sporck. Kniestück in Landschaft. J. P. Lüdden p. fol.

Convolute.

2828. 90 Diverse Portraits, meist von Theologen, in Stich und Schwarzkunst von Hainzelmann, Wolfgang, Haid u. A.
2829. 37 Bl. Architecturen, Prospecte, Landschaften, Pflanzen und einiges Figürliche. qu. roy. fol. fol. 8.
2830. 28 Bl. Ansichten und antike Ruinen aus Süditalien; von L. Carracciolo in Aquatinta gestochen. qu. fol. qu. 4.

Handzeichnungen.

Unbekannt.

2831. Portrait von Goethe. Brustbild. Oelskizze. gr. fol.

Hieron. Hess.

2832. Pifferari. Ausgeführte Tuschzeichnung 1819. fol.

J. S. Bach.

2833. Landschaft mit zwei Hirten bei einem Brunnen. Tusche. qu. fol.

J. C. Klengel.

2834. Landschaft mit ruhenden Landleuten, links bei zwei Eichen. Schwarze Kreide auf blauem Grund. qu. fol.

Convolute.

2835. 13 Bl. Bausen nach Holzschnitten des Albr. Dürer aus dem Leben der Maria. fol.
2836. Eine Anzahl Figurenstudien und Akte. Verschiedenes Format. Dabei einige Kupferstiche.
2837. Eine grosse Anzahl Zeichnungen nach Antiken und antiken Wandmalereien in Rom und Pompeji, von Maler Müller in Riga.
2838. Eine grosse Anzahl Ansichten, Landschaften, Baum-

und Landschaftsstudien, nach der Natur und älteren Meistern, meist aus Italien. Verschiedenes Format. Dabei manches gute Blatt.

Kupferwerke.

2839. Compositionen zu Tasso's befreitem Jerusalem, radirt von Pinelli. 22 Bl. qu. fol. Das Titelblatt fehlt, 1 Bl. beschädigt.

2840. Les célèbres Tapisseries de Raphael d'Urbin connües Sous le nom d'Arazzi, qui sont au Vatican à Rome gravées par Louis Sommereau Peintre. 21 Bl. qu. fol.

2841. Auswahl der vorzüglichsten Denkmäler des Münchener Kirchhofes. Lithographien von N. Zach. 1840. 1841. Drei Abtheilungen. Geheftet. 4.

2842. Recueil des Dessins d'Ornemens d'Architecture de la Manufacture de J. J. Heiligenthal à Strassbourg. Zwei Theile, der eine gebunden. Stiche und Lithographien. fol.

2843. Li dodici Apostoli dipinti dal celebre Raffaele d'Urbino nella Chiesa delle tre Fontane in Roma. Presso Piale nel Negozie di Stampe. fol. Geheftet. Die Stiche von S. Bianchi.

2844. La Città di Roma ovvero breve Descrizione di questa superba Città divisa in quattro Tomi ornata di 385 Stampe in Rame. Rom 1779. Nur der zweite mit den Basreliefs der Marc-Anton-Säule. fol. Geheftet.

2845. Biblische Bilder, nach verschiedenen Malern von Ph. A. Kilian gestochen. 9 Bl. 4. Geheftet. Sehr fleckig.

2846. Die höhere Baukunst von K. M. Heigelin. Leipzig bei Fr. Fleischer. Zweiter Band mit 20 Kupfern. 4.

2847. Abhandlung vom Metallgusse bei einer Statue zu Pferd. Anonymes Manuscript. 4.

2848. 2 Bände mit eingeklebten Zeichnungen aus Rom und Neapel 1819—1823. Ornamente und Studien nach der Natur, Antike und berühmten Gemälden. Meist Bleistiftzeichnungen. qu. fol.

Bücher.

2849. **Fundatores** Ordinum cum effigiebus. 88 Bl. Portraits von Heiligen, nebst lat. Text. fol. Lederband.

2850. A. **Pozzo**, der Mahler und Baumeister Perspectiv, deutsch von J. Boxbarth. I. Theil. Mit Kupfern. Augsburg 1708. fol. Pappebd.

2851. **Rosario** della gloriosa Vergine Maria. Mit Holzschnitten und Bordüren. Venetia 1597. 8. Beschädigt. — Viaggio da Venetia al Santo Sepolcro et al monte Sinai. Mit Holzschnitten. Venetia 1600. 8. Perg.-Band.

2852. **Vicar Baur**, Blicke in das Innere der Prälaturen oder Kloster Ceremonien im 18. Jahrhundert. Mit Kupfern. 2 Bändchen. 1794. 99. 8. Pappeband.

2853. M. H. **Bloxam**, die mittelalterliche Kirchen-Baukunst in England. Mit 215 Figuren. Leipzig. 8. Pappeband.

2854. B. **Malach-Samuelian**, hist.-krit. Abhandlung über das Bild Jesu Christi, das er an König Abgar von Armenien gesandt hat. Mit 2 Stahlstichen. Wien 1847. 8. Brochirt.

2855. J. F. **Zöllner**, Briefe über Schlesien, Krakau, Wieliczka etc. Mit Stahlstichen. 2 Theile. Berlin 1792. 8. 2 Pappebände.

2856. R. L. **Klöbisch**, deutsche Waldbäume und ihre Physiognomie. Mit Radirungen und Holzschnitten von W. H. **Eberhard**. Leipzig 1857. 8. Ebenso.

2857. T. v. **Wolanski**, Briefe über slavische Alterthümer. I. u. II. Sammlung mit 22 Tafeln und vielen Abbildungen. Text polnisch und deutsch. Gnesen 1845 —47. 4.

2858. H. G. **Hotho**, v. Eyck-Album. Das Altarwerk Hubert's van Eyck in St. Bavo zu Gent; nebst Lebensskizze Johann's und Hubert's. Mit 16 Photographien von G. **Schauer** und Text. Berlin. gr. 4. In Umschlag.

2859. **Braun** und **Schneider**, Münchener Bilderbogen. 8. Buch. (13 Bogen.) fol. In Umschlag.

Photographien
von Dr. Braun in Bonn.

2860. Das Altarbild für die Domkirche in Berlin von P. von Cornelius. fol.
2861. Dasselbe.
2862. Die klugen und die thörichten Jungfrauen, nach dem Originalgemälde von P. von Cornelius. qu. fol.
2863. Das Paradies des Dante auf einem Schild nach demselben. 4.
2864. Hagen versenkt den Nibelungenhort, nach demselben. qu. fol.
2865. Italienische Landschaft nach J. A. Koch oder E Fries. qu. fol.
2866. Thorwaldsen's Bildniss bei der Büste des Kaisers Nikolaus. fol.
2867. Dasselbe.
2868. Dasselbe.
2869. Dasselbe, noch zwei Mal. Matt.
2870. Das jüngste Gericht, von Michelangelo. fol.
2871. Dasselbe.
2872. Dasselbe. Matt.
2873. Die Erschaffung Adam's, von demselben. qu. fol.
2874. Die Begegnung des heil. Nilus mit dem Kaiser, nach D. Dominichino. qu. fol.
2875. Dasselbe.
2876. Dasselbe.
2877. Dasselbe.
2878. Dasselbe.
2879. 11 Bl. Antike Statuen aus dem Vatican. fol.
2880. 12 Doubletten, einige mehrfach.
2881. 24 Bl. Ruinen und alte Bauwerke. fol. qu. fol.
2882. 15 Bl. Doubletten.
2883. 17 Bl. derselben, mehrere doppelt.

Kupferwerke.

2884. Der Pastor Fido, inventirt und gezeichnet durch Johann Wilh. Baur ... 1640 ... in Kupfer gebracht durch Melch. Küsell in Augsburg 1671. 42t Kupfer, welche auf weisse Papierblätter aufgekleb sind. 4. Pappbd.

2885. Leben des heil. Franziscus. 21 Kupfer mit italienischem Text. Die Kupfer von D. Falcini nach J. Ligozzi, scharf beschnitten und aufgezogen. fol. Pappebd. Ohne Titel und auch sonst defect.

2886. Collezione di sette dipinti de Benevenuto Tisi da Garafalo illustrati da Penne Italiane. Ferrara 1840. fol. Geheftet.

2887. Disegni originale di Raffaelo per la prima volta pubblicati esistenti nella imperial regia Accademia di belle arti di Venezia 1829. 30 Bl. fol. In gedrucktem Umschlag.

2888. Antike Statuen, aus dem Verlag von Jerem. Wolf in Augsburg. 51 numerirte Kupfer, von welchen Titel und Blatt 1 fehlen. fol. Geheftet.

2889. Demonstratio historiae ecclesiasticae quadri partito comprobatae monumentis pertinentibus etc. J. A. Barbazza del. et incidit. 18 Blätter, von welchen je vier neben einander einen Cyclus bilden. gr. fol.

Anzeige.

Das soeben ausgegeben 1. Heft des **zehnten** Jahrganges vom

Archiv für die zeichnenden Künste

herausgegeben von **Dr. R. Naumann** und **R. Weigel** enthält folgende Aufsätze:

1) Cornelis Ploos van Amstel, Kunstliebhaber und Kupferstecher. Eine Studie, nebst dem Werke des Meisters vom Kammerherr F. von Alten in Oldenburg.
2) Die chalcographische Gesellschaft in Dessau 1796 bis 1806 (nebst Verlagsverzeichniss der sämmtlichen Kunstblätter und Werke). Unter Benutzung amtlicher Quellen dargestellt von O. West, Staatsanwalt und Kreisgerichtsrath in Dessau.
3) Doublette eines Originalstiches von Raphael im k. Museum zu Madrid. Aus dem Spanischen des Journals „El arte en Espana" von Dr. A. von Zahn.
4) Verzeichniss der Nürnbergischen Künstler im Jahre 1808, nach Aufzeichnungen des Directors Zwinger im Auftrage der k. bayer. Regierung. Mitgetheilt durch Dr. A. Andresen.
5) Anton Woensam von Worms, Maler und Xylograph zu Köln. Sein Leben und seine Werke. Eine kunstgeschichtliche Monographie von J. J. Merlo in Köln.

Binnen Kurzem erscheint und kommt zur Versendung:

Le Peintre-Graveur par **J. D. Passavant.** Contenant l'histoire de la gravure sur bois, sur métal et au burin jusque vers la fin du XVI. siècle etc., un catalogue supplémentaire aux estampes du XV. et XVI. siècle du Peintre-Graveur de Adam Bartsch. **Tome V.** Ecole italienne. (Der VI. [Schluss-] Band befindet sich unter der Presse.)

Versteigerungspreise

der

Leipziger Kunst-Auction

(Sammlung von E. Harzen und Anderer)

vom 11. April 1864.

Wo unter den Limiten weggegangen, entsprachen die Blätter etc. nicht den Anforderungen meiner Herren Comittenten.

Rudolph Weigel.

Nummer	Rt.	ngr	Nummer	Rt.	ngr	Nummer	Rt.	ngr	Nummer	Rt.	ngr
1	3	—	31	—	2	61	—	6	91	—	8
2	—	2	32	—	—	62	—	7	92	2	1
3	—	9	33	—	2	63	—	4	93	—	11
4	—	—	34	—	5	64	—	6	94	—	10
5	1	8	35	—	3	65	—	1	95	—	—
6	1	—	36	—	6	66	—	—	96	—	2
7	—	4	37	—	—	67	—	5	97	—	4
8	—	2	38	—	1	68	—	—	98	—	—
9	—	—	39	—	—	69	—	13	99	—	7
10	3	10	40	—	2	70	1	21	100	—	25
11	—	14	41	—	1	71	—	2	101	3	25
12	—	8	42	—	2	72	—	10	102	1	5
13	—	15	43	—	4	73	—	2	103	—	—
14	—	7	44	—	3	74	—	12	104	—	2
15	—	28	45	—	10	75	—	2	105	—	10
16	—	2	46	4	15	76	—	4	106	1	3
17	—	4	47	—	20	77	—	4	107	—	—
18	—	—	48	—	6	78	—	—	108	—	—
19	—	2	49	—	20	79	—	9	109	1	7
20	—	4	50	—	2	80	—	—	110	—	21
21	—	6	51	—	1	81	3	—	111	1	16
22	—	2	52	—	17	82	—	1	112	2	—
23	—	15	53	—	1	83	—	6	113	—	3
24	—	3	54	—	1	84	—	16	114	—	2
25	—	7	55	—	1	85	—	—	115	—	10
26	—	25	56	—	1	86	—	8	116	—	2
27	—	4	57	—	1	87	—	2	117	—	2
28	—	3	58	—	12	88	—	—	118	—	8
29	—	2	59	—	2	89	—	—	119	—	6
30	—	—	60	7	1	90	1	—	120	7	—

Nummer	ℳ	₰	Nummer	ℳ	₰	Nummer	ℳ	₰	Nummer	ℳ	₰
121	1	20	164	—	6	209	—	—	254	3	—
122	2	—	165	—	1	210	—	—	255	1	1
123	—	5	166	—	1	211	10	26	256	1	18
124	—	1	167	—	10	212	—	10	257	13	—
125	—	2	168	2	8	213	—	—	258	1	12
126	—	2	169	—	2	214	—	3	259	—	6
127	3	13	170	—	5	215	—	4	260	6	—
128	1	—	171	—	8	216	—	19	261	1	—
129	—	4	172	—	2	217	—	7	262	1	12
130	—	4	173	—	2	218	—	6	263	4	—
131a	30	—	174	—	4	219	—	1	264	2	15
131b	1	—	175	—	12	220	—	7	265	—	16
132	—	28	176	—	3	221	1	4	266	5	—
133	—	—	177	—	4	222	—	7	267	—	8
134	—	—	178	—	4	223	—	3	268	2	12
135	—	6	179	—	20	224	—	3	269	—	4
136	1	20	180	—	15	225	—	1	270	2	29
137	1	5	181	—	2	226	—	1	271	—	20
138	1	5	182	—	1	227	—	—	272	—	16
139	—	1	183	—	13	228	—	7	273	—	2
140	—	1	184	—	6	229	—	10	274	5	—
141	32	—	185	2	25	230	—	10	275	—	7
142a	2	8	186	1	12	231	—	12	276	—	2
142b	—	13	187	2	—	232	3	13	277	5	20
143a	5	—	188	1	—	233	—	1	278	—	12
143b	—	16	189	—	1	234	—	8	279	—	12
144	—	14	190	—	6	235	—	7	280	—	—
145	—	5	191	—	2	236	2	—	281	2	15
146	—	28	192	—	8	237	—	1	282	—	21
147	1	12	193	—	6	238a	—	1	283	—	16
148	—	16	194	—	26	238b	—	7	284	—	1
149	14	—	195	—	6	239	—	11	285	—	2
150	—	20	196	—	7	240	—	1	286	—	—
151	—	7	197	—	6	241	16	—	287	—	5
152	40	—	198	—	4	242	1	—	288	—	1
153	2	8	199	—	7	243	6	—	289	—	5
154	—	10	200a	—	1	244	—	4	290	—	—
155	3	1	200b	3	2	245	1	5	291	—	1
156	—	1	201	—	14	246	—	5	292	5	10
157	3	1	202	—	14	247	15	—	293	—	1
158	—	6	203	—	1	248	—	16	294	—	10
159	—	12	204	—	1	249	—	1	295	—	—
160	31	1	205	30	1	250	2	—	296	—	1
161	—	21	206	—	1	251	4	15	297	—	—
162	—	6	207	—	12	252	32	—	298	—	2
163	8	8	208	—	4	253	5	—			

Nummer	Rℓ	ngℓ	Nummer	Rℓ	ngℓ	Nummer	Rℓ	ngℓ	Nummer	Rℓ	ngℓ
299	—	12	345a	—	1	389	—	—	435	—	1
300	1	20	345b	—	2	390	—	1	436	—	1
301)			346	—	2	391	—	—	437	—	7
302}	—	2	347	2	20	392	—	1	438	—	12
303	50	1	348	—	10	393	—	3	439	—	1
304	20	—	349	1	15	394	2	17	440	—	1
305	—	11	350	—	1	395	1	28	441	—	15
306	—	5	351a	—	1	396	—	23	442	1	2
307	—	—	351b	—	5	397	—	2	443	—	1
308	—	—	352	—	4	398	—	—	444	—	7
309	—	10	353	—	2	399	—	1	445	—	10
310	—	—	354	—	7	400	—	4	446	—	5
311	—	10	355	—	2	401	—	1	447a	—	2
312	—	—	356	—	1	402	—	1	447b	—	10
313	—	10	357	—	1	403	1	10	448	—	2
314	—	1	358	—	—	404	—	2	449	—	12
315	—	2	359	—	1	405	—	12	450	—	18
316	—	1	360	—	9	406	—	12	451	—	1
317	1	17	361	2	1	407	—	1	452	—	1
318	—	2	362	—	10	408	1	12	453	—	15
319	—	2	363	1	6	409	—	5	454	—	4
320	—	—	364	—	8	410	—	1	455	—	8
321	1	12	365	—	1	411	—	10	456	—	22
322	—	1	366	1	15	412	—	3	457	—	25
323	—	1	367	—	1	413	—	20	458	—	4
324	—	—	368)			414	—	2	459	—	4
325	—	6	369}	1	6	415	—	—	460	—	10
326	5	21	370	1	12	416	—	1	461	—	2
327	4	—	371	—	7	417	—	1	462	—	10
328	—	10	372	—	1	418	—	5	463	—	2
329	—	5	373	—	20	419	—	6	464	—	—
330	—	6	374	—	1	420	—	-	465	—	7
331	—	12	375	1	12	421	—	1	466	—	10
332	—	2	376	—	2	422	—	16	467	—	4
333	—	2	377	—	5	423	—	1	468	2	15
334	3	10	378	—	4	424	—	12	469	—	1
335	2	8	379	—	6	425	—	1	470	—	1
336	—	12	380	1	—	426	15	1	471	—	10
337	—	15	381	—	4	427	—	7	472	—	7
338	—	7	382	—	—	428	—	1	473	—	5
339	1	3	383	—	4	429	—	—	474	—	1
340	—	11	384	—	—	430	—	1	475	—	4
341	1	15	385	—	4	431	—	20	476	—	1
342	—	13	386	3	1	432	—	13	477	3	—
343	—	4	387	1	—	433	—	1	478	—	14
344	—	6	388	—	1	434	1	3	479	—	11

Nummer	ℛℓ	ngℓ	Nummer	ℛℓ	ngℓ	Nummer	ℛℓ	ngℓ	Nummer	ℛℓ	ngℓ
480	2	—	526) 527}	—	5	581a	1	3	626	—	1
481	—	20	528	—	3	581b	4	1	627	—	20
482	—	12	529	—	4	582	9	15	628	—	3
483	1	20	530	—	3	583	2	12	629	—	8
484	—	2	531	—	6	584	38	1	630	—	29
485	—	8	532	—	9	585	4	25	631	—	6
486	—	2	533	—	10	586	—	26	632	—	9
487	1	8	534	—	20	587	3	12	633	—	20
488	—	2	535	—	2	588	6	—	634	—	25
489	1	10	536	—	4	589	4	—	635	—	15
490	—	10	537	—	10	590	3	—	636	—	10
491	—	1	538	—	6	591	12	15	637	—	1
492	2	—	539	—	20	592	7	20	638	—	—
493	—	14	540	—	3	593	13	5	639	—	6
494	1	—	541	—	5	594	5	—	640	—	16
495	—	3	542	—	6	595	12	20	641	—	9
496	—	10	543	—	5	596	3	20	642	—	3
497	—	6	544	—	10	597	12	20	643	—	3
498	—	1	545	—	6	598	8	20	644	1	5
499	—	10	546	—	3	599	3	—	645	—	16
500	—	10	547	—	7	600	8	20	646 u.647	—	10
501	—	4	548	—	1	601	10	5	648	—	1
502	—	1	549) 550}	1	5	602	8	20	649	—	2
503	—	6	560	—	7	603	13	5	650	—	—
504	—	1	561	—	9	604	4	—	651	—	1
505	—	14	562	—	3	605	5	1	652	—	2
506	2	17	563	—	10	606	6	1	653	—	2
507	—	16	564	—	4	607	—	7	654	—	4
508	—	4	565	—	3	608	—	10	655	3	—
509	—	1	566	—	4	609	—	14	656	—	4
510	—	—	567	—	20	610	—	13	657	—	25
511	—	—	568	—	7	611	—	15	658	1	25
512	—	6	569	—	13	612	—	3	659	2	—
513	—	15	570	—	7	613	—	13	660	1	21
514	—	5	571	—	3	614	—	13	661	1	8
515	—	16	572	—	10	615	1	—	662	1	5
516	—	8	573	—	3	616	—	16	663	3	10
517	—	11	574	—	3	617	1	2	664	3	—
518	—	1	575	—	1	618	—	4	665	2	20
519	—	15	576	—	6	619	—	4	666	1	15
520	—	15	577	—	14	620	1	15	667	3	—
521	—	8	578	—	11	621	1	5	668	—	8
522	—	12	579	—	21	622	—	8	669	—	1
523	—	2	580	3	12	623	—	10	670	—	2
524	—	1				624	1	—	671	—	8
525	—	3				625	—	12	672	—	10

Nummer	Rß	ngl	Nummer	Rß	ngl	Nummer	Rß	ngl	Nummer	Rß	ngl
673	—	6	719	—	1	765	—	15	810	—	15
674	—	—	720	—	25	766	—	16	811	—	20
675	—	3	721	—	4	767	—	—	812	—	8
676	—	—	722	—	—	768	—	—	813	—	6
677	—	1	723	—	1	769	—	15	814	—	1
678	—	—	724	—	—	770	—	12	815	—	2
679	1	1	725	—	10	771	—	12	816	—	20
680	—	—	726	—	2	772	1	20	817	—	12
681	—	3	727	—	3	773	—	1	818 }		
682	—	4	728	—	—	774	—	8	819 } — 5		
683	—	5	729	—	1	775	—	8	820 }		
684	—	2	730	—	8	776	—	—	821	—	—
685	—	—	731	—	10	777	1	—	822	—	1
686	—	—	732	—	12	778	—	—	823	—	—
687	—	1	733	—	—	779	—	15	824	—	1
688	—	6	734	—	28	780	—	6	825	—	—
689	—	—	735	—	28	781	—	10	826	—	—
690	—	2	736	—	1	782	—	1	827	—	3
691	—	4	737	—	8	783	—	—	828	—	3
692	—	—	738	—	3	784	—	—	829	—	—
693	—	—	739	—	—	785	—	1	830	—	5
694	—	5	740	—	15	786	—	—	831	—	—
695	—	—	741	—	4	787	—	1	832	—	1
696	—	—	742	—	—	788	—	10	833 }		
697	—	3	743	—	15	789	1	5	834		
698	—	7	744	—	—	790	—	1	835		
699	—	1	745	—	10	791	—	—	836 } — 20		
700	—	2	746	—	—	792	—	8	837		
701	—	—	747	—	12	793	—	2	838		
702	—	1	748	—	8	794	—	—	839 }		
703	—	16	749	—	8	795	—	1	840	—	—
704	—	—	750	—	20	796	—	2	841	—	4
705	—	1	751	—	21	797	—	—	842	—	4
706	—	1	752	—	—	798 }			843	—	8
707	—	12	753 }			799 } — 1			844	2	10
708	—	15	754 } — 2			800	—	8	845	—	1
709	—	15	755 }			801			846	—	1
710	—	10	756			802			847	—	—
711	—	—	757			803			848	—	—
712	—	10	758			804			849	—	1
713	—	1	759			805 } — 8			850	—	1
714	—	20	760 } 1 20			806			851	—	1
715	—	10	761			807			852	—	8
716	—	15	762			808 }			853	—	5
717	—	—	763						854	—	—
718	—	10	764 }			809	4	15	855	—	5

Nummer	$\mathscr{R}$	ngl	Nummer	$\mathscr{R}$	ngl	Nummer	$\mathscr{R}$	ngl	Nummer	$\mathscr{R}$	ngl
856	—	1	902	—	1	948	—	5	994	—	—
857	—	2	903	—	—	949	—	—	995	—	5
858	—	—	904	—	1	950	—	1	996	1	20
859	—	4	905	—	4	951	—	—	997	—	12
860	—	—	906	—	16	952	—	1	998	—	7
861	—	—	907	—	2	953	—	3	999	—	5
862	—	1	908	—	6	954	—	—	1000	—	7
863	—	8	909	—	12	955	—	2	1001	—	15
864	—	10	910	—	5	956	—	—	1002	—	9
865	—	4	911	—	—	957	—	4	1003	—	6
866	—	1	912	—	2	958	—	—	1004	—	—
867	—	8	913	—	12	959	—	—	1005	1	10
868	—	5	914	—	—	960	—	1	1006	—	8
869	1	5	915	—	25	961	—	3	1007	—	1
870	—	16	916	—	1	962	—	—	1008	2	12
871	—	—	917	—	4	963	—	2	1009	—	1
872	—	—	918	—	4	964	—	—	1010	—	15
873	—	1	919	—	20	965	—	—	1011	—	3
874	—	2	920	—	3	966	—	—	1012	—	1
875	—	2	921	1	—	967	—	—	1013	—	1
876	—	2	922	—	5	968	—	2	1014	—	—
877	—	—	923	—	2	969	—	5	1015	—	16
878	—	9	924	—	2	970	—	4	1016	—	—
879	—	1	925	—	8	971	—	4	1017	—	8
880	—	1	926	—	5	972	—	—	1018	2	15
881	—	8	927	—	13	973	—	2	1019	1	5
882	—	5	928	—	7	974	—	2	1020	—	3
883	—	2	929	—	—	975	—	—	1021	—	—
884	—	—	930	—	—	976	—	6	1022	—	—
885	—	1	931	—	—	977	—	2	1023	—	15
886	—	1	932	—	1	978	—	1	1024	—	3
887			933	—	4	979	—	1	1025	—	—
888	—	2	934	=	4	980	—	2	1026	—	10
889			935	—	—	981	—	1	1027	—	8
890			936	—	—	982	—	—	1028	—	—
891	—	6	937	—	1	983	—	8	1029	—	25
892	—	1	938	—	—	984	—	—	1030	—	4
893	—	—	939	1	1	985	—	—	1031	—	4
894	—	—	940	—	—	986	—	18	1032	1	10
895	—	1	941	—	1	987	—	—	1033	—	—
896	—	—	942	—	—	988	—	2	1034	—	—
897	—	1	943	—	2	989	—	20	1035	—	2
898	—	5	944	—	10	990	—	4	1036	—	8
899	—	—	945	—	2	991	2	26	1037	—	—
900	—	25	946	—	5	992	—	—	1038	—	10
901	—	—	947	—	2	993	1	—	1039	—	4

Nummer	ℛℓ	ngℓ	Nummer	ℛℓ	ngℓ	Nummer	ℛℓ	ngℓ	Nummer	ℛℓ	ngℓ
1040	—	1	1086	—	20	1132	—	23	1179	—	—
1041	—	—	1087	—	27	1133	—	1	1180	—	6
1042	—	1	1088	—	1	1134	—	—	1181	—	—
1043	—	—	1089	—	—	1135	—	7	1182	—	10
1044	—	1	1090	—	1	1136	—	—	1183	—	1
1045	—	2	1091	—	1	1137	—	—	1184	—	8
1046	1	10	1092	—	15	1138	—	1	1185	—	—
1047	—	12	1093	—	10	1139	—	1	1186	—	13
1048	—	9	1094	—	—	1140	—	—	1187	—	4
1049	—	11	1095	—	1	1141	—	4	1188	—	1
1050	—	9	1096	—	1	1142	—	—	1189	—	5
1051	—	—	1097	—	1	1143	4	—	1190	2	10
1052	1	—	1098	—	12	1144	1	15	1191	—	5
1053	—	1	1099	—	2	1145	—	6	1192	—	—
1054	—	—	1100	—	8	1146	—	8	1193	—	1
1055	—	—	1101	—	1	1147	—	7	1194	—	5
1056	—	1	1102	—	6	1148	—	2	1195	—	4
1057	—	1	1103	—	5	1149	—	5	1196	—	4
1058	—	1	1104	—	4	1150	—	6	1197	—	2
1059	—	7	1105	—	—	1151	—	5	1198	—	3
1060	—	1	1106	—	3	1152	—	3	1199	—	2
1061	—	—	1107	—	3	1153	—	4	1200	—	1
1062	—	1	1108	—	—	1154	—	3	1201	—	—
1063	—	12	1109	—	4	1155	—	6	1202	—	1
1064	—	3	1110	—	4	1156	—	17	1203	—	1
1065	—	—	1111	—	—	1157	1	—	1204	—	2
1066	—	5	1112	—	—	1158	—	3	1205	—	8
1067	—	—	1113	—	—	1160	—	8	1206	1	12
1068	—	1	1114	—	5	1161	1	15	1207	5	12
1069	3	10	1115			1162	—	13	1208	7	1
1070	—	6	1116	—	2	1163	—	3	1209	—	3
1071	—	—	1117			1164	—	7	1210	1	12
1072	—	8	1118	—	1	1165	—	11	1211	—	5
1073	—	2	1119	—	3	1166	—	18	1212	—	6
1074	—	2	1120	—	—	1167	—	—	1213	—	21
1075	—	—	1121	—	—	1168	—	2	1214	—	12
1076	—	4	1122	—	5	1169	—	4	1215	—	16
1077	—	3	1123	—	2	1170	—	3	1216	—	9
1078	—	—	1124	—	—	1171	—	2	1217	—	12
1079	—	6	1125	—	1	1172	—	4	1218	—	5
1180	—	2	1126	1	5	1173	5	—	1219	—	7
1081	—	1	1127	1	—	1174	6	—	1220	1	12
1082	—	—	1128	1	1	1175	1	10	1221	—	10
1083	—	—	1129	1	11	1176	—	2	1222	—	6
1084	—	—	1130	—	24	1177	—	15	1223	—	16
1085	—	8	1131	1	5	1178	—	13	1224	—	2

Nummer	Rℓ.	ngl	Nummer	Rℓ.	ngl	Nummer	Rℓ.	ngl	Nummer	Rℓ.	ngl
1225	—	12	1271	—	1	1317	—	—	1363	—	11
1226	1	10	1272	—	—	1318	—		1364	—	3
1227	—	1	1273	—	—	1319	—	4	1365	—	—
1228	—	1	1274	—	—	1320	—		1366	4	—
1229	—	12	1275	—	1	1321	—		1367	—	5
1230	—	15	1276	—	—	1322	5	2	1368	—	3
1231	—	1	1277	—	4	1323	—	2	1369	—	1
1232	—	16	1278	—	4	1324	2	20	1370	—	—
1233	—	2	1279	—	1	1325	1	20	1371	—	6
1234	—	—	1280	—	—	1326	1	—	1372	—	—
1235	—	2	1281	—	6	1327	1	—	1373	—	4
1236	—	4	1282	—	6	1328	—	10	1374	—	1
1237	—	4	1283	—	12	1329	—	20	1375	—	3
1238	—	2	1284	—	10	1330	—	15	1376	1	14
1239	—	2	1285	—	5	1331	2	—	1377	—	4
1240	—	2	1286	—	12	1332	—	3	1378	—	—
1241	—	2	1287	—	—	1333	—	—	1379	—	—
1242	—	2	1288	—	2	1334	—	1	1380	—	1
1243	—	1	1289	—	6	1335	1	20	1381	—	4
1244	—	4	1290	—	4	1336	1	1	1382	—	5
1245	—	1	1291	—	1	1337	—	—	1383	—	—
1246	—	1	1292	—	16	1338	—	4	1384	—	2
1247	—	5	1293	—	2	1339	—	—	1385	—	3
1248	—	1	1294	2	—	1340	1	—	1386	—	—
1249	—	3	1295	1	15	1341	—	—	1387	—	—
1250	—	10	1296	—	2	1342	—	1	1388	—	4
1251	—	6	1297	—	2	1343	—	1	1389	—	1
1252	—	7	1298	—	2	1344	—	3	1390	—	—
1253	—	3	1299	—	—	1345	—	1	1391	—	2
1254	—	—	1300	—	1	1346	—	—	1392	—	20
1255	—	—	1301	—	4	1347	—	1	1393	—	1
1256	—	13	1302	—	13	1348	—	10	1394	—	20
1257	—	1	1303	—	1	1349	—	4	1395	—	—
1258	—	—	1304	—	1	1350	—	8	1396	—	1
1259	1	4	1305	—	4	1351	—	26	1397	—	—
1260	—	2	1306	—	2	1352	—	4	1398	—	1
1261	—	1	1307	—	1	1353	1	—	1399	—	1
1262	—	5	1308	—	1	1354	—	3	1400	—	1
1263	—	1	1309	1	—	1355	—	9	1401	—	—
1264	—	—	1310	—	1	1356	—	1	1402	—	1
1265	—	1	1311	—	1	1357	—	2	1403	—	3
1266	—	1	1312	2	1	1358	—	20	1404	—	10
1267	—	2	1313	—	9	1359	—	1	1405	1	10
1268	1	22	1314	—	1	1360	—	10	1406	37	1
1269	—	1	1315	—	—	1361	—	10	1407	16	—
1270	—	—	1316	—	1	1362	—	4	1408	18	—

Nummer	Rt.	ngr	Nummer	Rt	ngr	Nummer	Rt	ngr	Nummer	Rt	ngr
1409	—	6	1454	—	15	1500	6	—	1546	4	20
1410	20	—	1455	—	15	1501	—	2	1547	—	1
1411	24	—	1456	—	2	1502	1	2	1548	5	20
1412	22	--	1457	—	10	1503	4	10	1549	1	11
1413	85	—	1458	7	—	1504	—	4	1550	—	2
1414	8	15	1459	2	—	1505	—	3	1551	5	—
1415	6	—	1460	—	22	1506	—	12	1552	12	—
1416	5	—	1461	3	—	1507	—	22	1553	1	8
1417	3	26	1462	1	20	1508	—	6	1554	—	1
1418	4	11	1463	3	15	1509	—	8	1555	—	2
1419	4	15	1464	—	8	1510	—	12	1556	1	—
1420	3	15	1465	13	—	1511	—	22	1557	—	4
1421	5	15	1466	—	8	1512	—	2	1558	1	—
1422	6	15	1467	—	8	1513	6	—	1559	—	18
1423	6	15	1468	—	10	1514	—	3	1560	—	7
1424	2	15	1469	—	6	1515	—	1	1561	2	25
1425	6	15	1470	—	4	1516	1	—	1562	2	17
1426	4	15	1471	—	12	1517	—	10	1563	—	15
1427	—	2	1472	—	7	1518	—	3	1564	13	—
1428	—	—	1473	—	22	1519	—	1	1565	—	—
1429	—	4	1474	1	25	1520	—	2	1566	—	12
1430	—	10	1475	12	—	1521	—	1	1567	—	6
1431	—	28	1476	1	25	1522	—	4	1568	—	12
1432	1	—	1477	3	26	1523	—	3	1569	—	1
1433	1	—	1478	1	25	1524	—	9	1570	—	16
1434	—	1	1479	—	16	1525	—	18	1571	—	16
1435	1	12	1480	—	16	1526	7	—	1572	—	16
1436	—	12	1481	—	16	1527	8	—	1573	2	16
1437	—	1	1482	3	—	1528	2	25	1574	1	—
1438	—	—	1483	—	1	1529	—	13	1575	—	12
1439	—	1	1484	—	1	1530	—	12	1576	2	1
1440a	—	5	1485	6	1	1531	—	1	1577	2	29
1440b	3	9	1486	1	15	1532	—	1	1578	—	4
1441	—	22	1487	4	—	1533	—	8	1579	—	8
1442	—	16	1488	—	10	1534	—	17	1580	—	8
1443	—	18	1489	1	—	1535	6	10	1581	—	10
1444	—	1	1490	—	9	1536	1	—	1582	—	2
1445	—	4	1491	—	19	1537	1	5	1583	1	—
1446	—	1	1492	—	2	1538	5	—	1584	1	2
1447	—	10	1493	—	8	1539	2	25	1585	4	—
1448	—	4	1494	3	20	1540	7	2	1586	—	4
1449	1	20	1495	4	20	1541	5	20	1587	3	15
1450	11	15	1496	2	—	1542	4	—	1588	3	15
1451	22	—	1497	3	1	1543	—	4	1589	9	1
1452	1	10	1498	—	16	1544	—	13	1590	25	—
1453	1	—	1499	1	10	1545	—	6	1591	—	6

Nummer	ℛt.	ngl	Nummer	ℛt.	ngl	Nummer	ℛt.	ngl	Nummer	ℛt.	ngl
1592	—	22	1638	2	9	1684	—	12	1730	—	22
1593	—	—	1639	—	4	1685	—	6	1731	—	15
1594	—	1	1640	—	1	1686	1	22	1732	—	3
1595	—	26	1641	—	26	1687	—	13	1733	1	15
1596	2	12	1642	—	15	1688	—	2	1734	—	8
1597	—	1	1643	—	15	1689	—	20	1735	—	5
1598	1	3	1644	—	10	1690	—	20	1736	—	3
1599	4	5	1645	1	10	1691	12	—	1737	—	12
1600	3	1	1646	—	6	1692	1	15	1738	—	12
1601	2	4	1647	—	21	1693	2	8	1739	—	3
1602	—	15	1648	12	1	1694	3	15	1740	—	10
1603	—	2	1649	—	16	1695	1	15	1741	2	5
1604	—	12	1650	—	20	1696	—	2	1742	1	20
1605	—	21	1651	—	5	1697	—	2	1743	1	5
1606	1	-	1652	—	25	1698	—	1	1744	—	10
1607	—	1	1653	—	16	1699	—	1	1745	—	22
1608	—	22	1654	3	5	1700	1	18	1746	—	26
1609	—	4	1655	4	—	1701	1	—	1747	—	5
1610	—	5	1656	3	5	1702	—	22	1748	6	—
1611	6	10	1657	5	1	1703	1	6	1749	—	20
1612	1	6	1658	—	12	1704	1	5	1750	—	10
1613	3	10	1659	—	20	1705	—	9	1751	—	4
1614	1	12	1660	—	1	1706	—	8	1752	—	4
1615	2	20	1661	2	20	1707	—	9	1753	3	—
1616	1	4	1662	1	10	1708	—	8	1754	—	12
1617	3	5	1663	2	10	1709	—	3	1755	1	20
1618	1	12	1664	1	10	1710	—	6	1756	1	25
1619	1	12	1665	4	11	1711	—	3	1757	3	—
1620	7	—	1666	4	10	1712	—	6	1758	46	—
1621	1	—	1667	4	—	1713	—	7	1759	—	2
1622	—	7	1668	6	—	1714	—	8	1760	—	4
1623	5	1	1669	2	26	1715	1	15	1761	—	3
1624	4	21	1670	7	1	1716	—	21	1762	1	—
1625	—	26	1671	16	—	1717	—	12	1763	—	12
1626	4	5	1672	3	1	1718	—	10	1764	—	29
1627	1	—	1673	2	1	1719	—	25	1765	1	—
1628	—	4	1674	5	12	1720	3	—	1766	3	12
1629	—	18	1675	8	—	1721	—	8	1767	4	—
1630	—	11	1676	1	6	1722	1	10	1768	3	10
1631	—	9	1677	8	20	1723	—	16	1769	—	2
1632	—	15	1678	1	8	1724	—	7	1770	1	—
1633	—	5	1679	1	18	1725	—	5	1771	36	1
1634	1	—	1680	—	22	1726	1	1	1772	2	10
1635	—	3	1681	1	—	1727	—	25	1773	18	1
1636	5	—	1682	1	6	1728	3	5	1774	12	1
1637	3	6	1683	—	8	1729	—	15	1775	2	10

Nummer	Rℓ	ngℓ	Nummer	Rℓ	ngℓ	Nummer	Rℓ	ngℓ	Nummer	Rℓ	ngℓ
1776	10	1	1822	—	1	1868	1	10	1914	7	—
1777	—	22	1823	—	2	1869	1	5	1915a	2	—
1778	—	18	1824	—	16	1870	1	5	1915b	—	10
1779	6	1	1825	1	12	1871	—	25	1916	—	10
1780	1	10	1826	—	4	1872	14	—	1917	—	10
1781	—	12	1827	—	14	1873	1	—	1918	—	12
1782	5	20	1828	—	20	1874	—	25	1919	2	—
1783	—	10	1829	2	10	1875	1	—	1920	—	16
1784	6	—	1830	1	10	1876	1	—	1921	1	—
1785	—	4	1831	1	15	1877	—	25	1922	—	16
1786	14	—	1832	—	10	1878	1	—	1923	—	15
1787	1	—	1833	—	1	1879	1	—	1924	8	—
1788	—	4	1834	—	20	1880	4	—	1925	—	9
1789	—	8	1835	—	3	1881	1	—	1926	—	9
1790	—	—	1836	—	—	1882	—	25	1927	—	16
1791	—	1	1837	—	6	1883	2	—	1928	8	—
1792	—	—	1838	—	4	1884	2	—	1929	—	10
1793	7	1	1839	—	19	1885	14	—	1930	—	15
1794	—	8	1840	—	7	1886	5	1	1931	3	—
1795	—	4	1841	—	4	1887	1	16	1932	1	—
1796	1	10	1842	1	6	1888	1	—	1933	—	12
1797	3	—	1843	1	6	1889	—	25	1934	11	—
1798	—	12	1844	1	6	1890	—	20	1935	—	10
1799	—	6	1845	—	14	1891	2	10	1936	—	16
1800	—	4	1846	—	6	1892	2	10	1937	4	—
1801	—	6	1847	—	1	1893	2	—	1938	3	—
1802	1	6	1848	—	—	1894	—	25	1939	1	8
1803	—	18	1849	—	8	1895	—	25	1940	—	10
1804	—	16	1850	—	8	1896	3	12	1941	2	—
1805	—	10	1851	—	2	1897	1	—	1942	3	—
1806	—	2	1852	—	—	1898	1	—	1943	—	7
1807	—	8	1853	—	20	1899	1	—	1944	—	6
1808	2	10	1854	—	6	1900	1	20	1945	—	5
1809	—	2	1855	46	—	1901	1	20	1946	—	5
1810	—	4	1856	5	—	1902	6	—	1947	2	15
1811	—	4	1857	5	—	1903	—	20	1948	—	10
1812	1	15	1858	6	—	1904	—	15	1949	—	15
1813	—	16	1859	—	16	1905	—	11	1950	4	—
1814	1	20	1860	—	16	1906	—	11	1951	—	10
1815	—	4	1861	1	5	1907	—	13	1952	7	15
1816	2	7	1862	1	—	1908	—	15	1953	—	5
1817	4	20	1863	1	—	1909	3	15	1954	—	7
1818	—	20	1864	—	10	1910	2	5	1955	—	9
1819	—	2	1865	2	12	1911	—	10	1956	—	5
1820	—	2	1866	1	20	1912	—	15	1957	1	—
1821	—	—	1867	1	20	1913	—	3	1958	—	18

Nummer	ℳ	₰	Nummer	ℳ	₰	Nummer	ℳ	₰	Nummer	ℳ	₰
1959	—	15	2005	—	11	2051	—	10	2096	2	1
1960	—	15	2006	—	11	2052	3	—	2097	1	22
1961	—	9	2007	—	6	2053	—	23	2098	—	10
1962	—	9	2008	—	11	2054	—	16	2099	1	20
1963	5	20	2009	5	—	2055	1	8	2100	—	12
1964	1	9	2010	6	—	2056	1	8	2101	—	5
1965	8	—	2011	2	15	2057	—	10	2102	1	13
1966	2	—	2012	—	6	2058	—	7	2103	1	8
1967	1	10	2013	—	6	2059	—	13	2104	2	—
1968	—	5	2014	—	11	2060	—	12	2105	—	10
1969	8	—	2015	—	10	2061	—	12	2106	1	—
1970	—	12	2016	1	20	2062	—	5	2107	—	20
1971	4	—	2017	1	11	2063	2	—	2108	1	21
1972	—	10	2018	—	12	2064	—	8	2109	1	21
1973	11	—	2019	—	11	2065	—	8	2110	—	19
1974	—	16	2020	—	5	2066	1	6	2111	—	23
1975	3	1	2021	—	5	2067	—	5	2112	—	20
1976	1	—	2022	—	12	2068	—	5	2113	—	12
1977	—	12	2023	15	—	2069	—	12	2114	—	12
1978	—	10	2024	4	—	2070	—	11	2115	—	16
1979	4	—	2025	—	12	2071	—	11	2116	3	—
1980	4	—	2026	—	10	2072	1	26	2117	—	19
1981	—	5	2027	9	—	2073	—	14	2118	—	11
1982	9	—	2028	—	10	2074	—	16	2119	—	10
1983	—	16	2029	3	—	2075	—	12	2120	2	1
1984	—	5	2030	2	29	2076	1	9	2121	2	1
1985	—	20	2031	—	12	2077	1	8	2122	2	20
1986	2	13	2032	—	11	2078	—	10	2123	—	5
1987	1	—	2033	2	15	2079	—	17	2124	1	15
1988	13	—	2034	—	11	2080	—	10	2125	—	11
1989	—	12	2035	11	—	2081	—	27	2126	—	10
1990	—	11	2036	—	10	2082	4	—	2127	—	10
1991	—	11	2037	—	25	2083	1	6	2128	—	9
1992	—	13	2038	—	11	2084	1	1	2129	—	10
1993	1	15	2039	—	11	2085	—	18	2130	1	18
1994	—	12	2040	—	5	2086	—	10	2131	—	10
1995	—	9	2041	—	5	2087	—	9	2132	—	12
1996	—	11	2042	—	16	2088	—	12	2133	—	8
1997	—	11	2043	—	16	2089	—	11	2134	6	12
1998	8	15	2044	—	11	2090	—	10	2135	2	28
1999	—	5	2045	—	10	2091	—	9	2136	—	29
2000	—	5	2046	—	12	2092	2	—	2137	—	4
2001	—	5	2047	—	20	2093	1	12	2138	—	8
2002	—	12	2048	—	10	2094	—	9	2139	—	10
2003	—	10	2049	8	10	2095	1	—	2140	—	3
2004	—	12	2050	—	7				2141	—	9

Nummer	Rt.	ngl	Nummer	Rt.	ngl	Nummer	Rt.	ngl	Nummer	Rt.	ngl
2142	—	6	2188	—	3	2235	4	8	2281	1	9
2143	—	6	2189	—	4	2236	1	—	2282	—	2
2144	1	17	2190	—	3	2237	2	5	2283	—	4
2145	—	8	2191	—	4	2238	—	5	2284	—	9
2146	—	1	2192	—	3	2239	—	15	2285	3	19
2147	—	17	2193	—	3	2240	—	29	2286	2	25
2148	—	25	2194	—	3	2241	—	2	2287	—	12
2149	4	15	2195	—	4	2242	—	—	2288	—	19
2150	—	14	2196	—	3	2243	6	—	2289	—	2
2151	—	14	2197	—	2	2244	—	—	2290	—	10
2152	—	15	2198	—	4	2245	—	—	2291	—	15
2153	—	18	2199	—	2	2246	—	6	2292	—	8
2154	2	12	2200	—	2	2247	—	25	2293	—	9
2155	—	2	2201	—	3	2248	—	17	2294	—	12
2156	1	16	2203	—	—	2249	—	19	2295	1	25
2157	—	1	2204	—	1	2250	—	22	2296	—	25
2158	—	2	2205	—	2	2251			2297	1	16
2159	—	4	2206	—	4	2252	2	21	2298	—	7
2160	1	—	2207	—	1	2253			2299	—	13
2161	—	5	2208	—	—	2254	1	15	2300	—	1
2162	—	1	2209	—	4	2255	—	2	2301	—	1
2163	—	8	2210	—	8	2256	—	4	2302	—	2
2164	1	6	2211	—	5	2257	—	28	2303	—	2
2165	—	2	2212	1	—	2258	—	1	2304	—	1
2166	—	2	2213	1	—	2259	—	2	2305	1	12
2167	—	9	2214	1	—	2260	—	3	2306	—	4
2168	—	10	2215	—	8	2261	—	4	2307	1	25
2169	—	16	2216	—	10	2262	—	5	2308	2	5
2170	—	2	2217	—	7	2263	—	4	2309	—	2
2171	—	15	2218	—	20	2264	—	9	2310	—	4
2172	—	10	2219	—	12	2265	—	13	2311	—	4
2173	—	3	2220	—	7	2266	—	1	2312	—	11
2174	—	4	2221	—	6	2267	—	25	2313	—	4
2175	—	6	2222	1	2	2268	—	6	2314	—	4
2176	—	6	2223	—	15	2269	—	15	2315	—	5
2177	—	3	2224	—	4	2270	—	6	2316	—	5
2178	—	3	2225	1	—	2271	—	4	2317	—	6
2179	—	3	2226	—	1	2272	1	10	2318	—	5
2180	—	2	2227	—	25	2273	—	14	2319	—	3
2181	—	2	2228	1	4	2274	—	15	2320	—	20
2182	—	2	2229	—	18	2275	—	12	2321	1	4
2183	—	3	2230	—	18	2276	—	15	2322	—	14
2184	—	2	2231	4	—	2277	—	4	2323	—	—
2185	—	3	2232	—	2	2278	—	12	2324	1	15
2186	—	10	2233	1	1	2279	—	12	2325	1	—
2187	—	7	2234	1	6	2280	—	6	2326	—	6

Nummer	ℛℓ	ngℓ	Nummer	ℛℓ	ngℓ	Nummer	ℛℓ	ngℓ	Nummer	ℛℓ
2327	—	2	2373	—	3	2419	—	8	2465	—
2328	1	—	2374	—	10	2420	—	10	2466	—
2329	—	—	2375	—	6	2421	—	4	2467	—
2330	—	1	2376	—	20	2422	—	2	2468	—
2331	—	13	2377	—	20	2423	2	8	2469	—
2332	2	12	2378	—	20	2424	—	11	2470	—
2333	—	18	2379	—	1	2425	—	4	2471	—
2334	—	16	2380	—	3	2426	1	6	2472	—
2335	—	20	2381	1	29	2427	—	4	2473	—
2336	2	—	2382	—	2	2428	—	12	2474	—
2337	—	20	2383	—	2	2429	—	11	2475	—
2338	—	4	2384	2	—	2430	—	1	2476	—
2339	—	1	2385	—	—	2431	—	14	2477	—
2340	—	14	2386	—	2	2432	1	10	2478	—
2341	—	18	2387	—	9	2433	—	5	2479	—
2342	—	16	2388	—	1	2434	—	2	2480	—
2343	—	6	2389	—	6	2435	—	—	2481	—
2344	—	12	2390	—	6	2436	—	1	2482	—
2345	—	8	2391	—	14	2437	—	5	2483	—
2346	—	1	2392	—	15	2438			2484	—
2347	1	—	2393	—	17	2439	—	25	2485	3
2348	—	11	2394	—	16	2440			2486	—
2349	—	—	2395	—	1	2441	—	13	2487	—
2350	—	10	2396	—	26	2442	—	16	2488	—
2351	—	9	2397	—	20	2443	—	10	2489	—
2352	—	10	2398	—	20	2444	—	18	2490	—
2353	—	14	2399	—	16	2445	—	5	2491	—
2354	5	2	2400	—	12	2446	1	20	2492	—
2355	2	18	2401	—	10	2447	1	17	2493	—
2356	—	—	2402	—	10	2448	2	8	2494	2
2357	2	18	2403	—	4	2449	2	—	2495	3
2358	—	12	2404	—	4	2450	—	18	2496	1
2359	—	10	2405	—	22	2451	—	8	2497	1
2360	—	10	2406	—	15	2452	—	5	2498	—
2361	—	—	2407	—	4	2453	—	5	2499	—
2362	—	13	2408	—	8	2454	—	5	2500	—
2363	—	12	2409	—	9	2455	—	5	2501	—
2364	2	14	2410	—	16	2456	—	1	2502	—
2365	—	2	2411	—	6	2457	—	1	2503	—
2366	1	—	2412	—	6	2458	—	4	2504	—
2367	1	20	2413	—	9	2459	—	4	2505	—
2368	2	20	2414	—	5	2460	—	2	2506	—
2369	—	16	2415	—	11	2461	—	12	2507	—
2370	2	19	2416	—	5	2462	2	8	2508	—
2371	—	1	2417	—	5	2463	2	8	2509	—
2372	—	2	2418	—	5	2464	—	2	2510	—

Nummer	ℛℓ	ngℓ	Nummer	ℛℓ	ngℓ	Nummer	ℛℓ	ngℓ	Nummer	ℛℓ	ngℓ
2511	2	18	2557	—	18	2603	—	1	2649	—	15
2512	—	9	2558	1	5	2604	—	25	2650	1	4
2513	—	7	2559	—	11	2605	—	15	2651	—	12
2514	—	6	2560	—	13	2606	—	8	2652	—	16
2515	—	2	2561	1	5	2607	—	8	2653	—	16
2516	—	6	2562	1	4	2608	—	20	2654	—	20
2517	5	—	2563	1	5	2609	1	15	2655	1	20
2518	—	13	2564	—	5	2610	2	18	2656	—	22
2519	—	5	2565	—	20	2611	2	12	2657	—	1
2520	—	6	2566	—	5	2612	—	—	2658		
2521	—	9	2567	1	8	2613	—	12	2659		
2522	—	1	2568	1	12	2614	1	14	2660	—	27
2523 2524	—	11	2569	—	11	2615	—	4	2661		
2525	—	5	2570	1	6	2616	—	3	2662	—	26
2526	—	10	2571	13	—	2617	—	1	2663	—	26
2527	—	6	2572	1	—	2618	—	2	2664	—	8
2528	1	—	2573	—	10	2619	—	4	2665	—	12
2529	—	11	2574	1	20	2620	—	1	2666	—	15
2530	—	11	2575	—	4	2621	—	2	2667	—	11
2531	—	20	2576	—	22	2622	—	7	2668	—	22
2532	2	6	2577	2	10	2623	—	1	2669	—	6
2533	—	11	2578	—	16	2624	—	12	2670	—	16
2534	—	28	2579	—	8	2625	—	7	2671	—	10
2535	—	18	2580	—	10	2626	1	—	2672	—	2
2536	1	15	2581	—	8	2627	—	16	2673	—	3
2537	1	20	2582	—	16	2628	—	10	2674	—	6
2538	—	28	2583	1	26	2629	—	25	2675	—	3
2539	—	8	2584	1	2	2630	1	6	2676	—	3
2540	—	25	2585	—	4	2631	—	8	2677	1	27
2541	1	2	2586	—	6	2632	—	12	2678	1	9
2542	—	10	2587	—	6	2633	1	15	2679	1	15
2543	—	20	2588	2	7	2634	3	15	2680	2	—
2544	—	11	2589	—	26	2635	—	8	2681	1	11
2545	—	4	2590	—	10	2636	—	16	2682	1	—
2546	—	12	2591	1	5	2637	—	11	2683	—	23
2547	—	9	2592	4	—	2638	—	12	2684	3	12
2548	—	6	2593	—	20	2639	—	22	2685	3	5
2549	—	6	2594	—	1	2640	1	2	2686	1	10
2550	1	19	2595	—	—	2641	—	18	2687	1	1
2551	1	12	2596	—	1	2642	—	18	2688	—	5
2552	—	2	2597	—	16	2643	1	5	2689	—	16
2553	—	12	2598	—	1	2644	—	17	2690	1	29
2554	—	3	2599	—	2	2645	—	16	2691	—	24
2555	—	15	2600	—	10	2646	—	18	2692	—	4
2556	2	7	2601	—	3	2647	—	17	2693	—	8
			2602	—	6	2648	1	5	2694	1	1

Nummer	ℛℓ	ngℓ	Nummer	ℛℓ	ngℓ	Nummer	ℛℓ	ngℓ	Nummer	ℛℓ	ngℓ
2695	—	9	2741	3	1	2787	1	2	2833	—	2
2696	1	5	2742	3	1	2788	—	26	2834	—	1
2697	—	11	2743	1	16	2789	—	12	2835	—	25
2698	—	12	2744	—	8	2790	—	5	2836	—	12
2699	—	12	2745	2	—	2791	—	17	2837	1	16
2700	—	2	2746	—	22	2792	3	—	2838	2	15
2701	—	10	2747	—	13	2793	—	9	2839	—	8
2702	4	26	2748	—	12	2794	—	3	2840	1	5
2703	—	16	2749	—	8	2795	3	1	2841	—	2
2704	—	4	2750	1	2	2796	—	10	2842	—	6
2705	—	5	2751	2	7	2797	—	6	2843	2	8
2706	—	9	2752	—	12	2798	3	10	2844	—	4
2707	2	1	2753	2	—	2799	—	—	2845	—	2
2708	—	6	2754	—	8	2800	—	—	2846	—	1
2709	—	10	2755	2	8	2801	—	—	2847	—	—
2710	3	11	2756	—	24	2802	—	12	2848	—	4
2711	—	17	2757	4	—	2803	—	1	2849	—	24
2712	—	12	2758	1	12	2804	—	3	2850	—	1
2713	—	19	2759	1	6	2805	—	1	2851	1	8
2714	1	—	2760	1	2	2806	—	15	2852	2	—
2715	1	2	2761	16	—	2807	—	2	2853	—	3
2716	7	1	2762	—	8	2808	—	—	2854	—	2
2717	1	20	2763	—	11	2809	—	1	2855	—	1
2718	—	13	2764	—	4	2810	1	15	2856	1	8
2719	—	10	2765	1	—	2811	—	4	2857	—	4
2720	1	3	2766	—	4	2812	—	—	2858	2	10
2721	—	2	2767	—	1	2813	—	26	2859	—	6
2722	—	—	2768	—	4	2814	—	6	2860	1	5
2723	1	5	2769	—	1	2815	—	1	2861	1	5
2724	1	27	2770	4	—	2816	—	22	2862	2	13
2725	—	7	2771	—	3	2817	—	22	2863	—	15
2726	—	1	2772	—	20	2818	—	—	2864	1	10
2727	1	11	2773	—	5	2819	—	3	2865	—	2
2728	—	9	2774	1	20	2820	—	2	2866	—	1
2729	—	10	2775	2	13	2821	—	4	2867}		1
2730	1	—	2776	8	—	2822	—	—	2868}		
2731	2	—	2777	1	6	2823	—	14	2869	—	—
2732	1	—	2778	1	16	2824	—	1	2870	1	—
2733	—	2	2779	—	6	2829	—	1	2871	—	24
2734	1	20	2780	1	1	2826	—	8	2872	—	9
2735	2	10	2781	—	18	2827	—	1	2873	—	15
2736	—	8	2782	2	2	2828	—	26	2874}		4
2737	1	—	2783	3	1	2829	—	16	2875}		
2738	8	1	2784	2	17	2830	—	8	2876}		
2739	—	3	2785	—	8	2831	—	23	2877}		2
2740	2	11	2786	1	21	2832	3	8	2878}		

Nummer	*Rℓ.*	*ngℓ*	Nummer	*Rℓ.*	*ngℓ*	Nummer	*Rℓ.*	*ngℓ*	Nummer	*Rℓ.*	*ngℓ*
2879	—	16	2882	1	—	2885	—	5	2888	—	10
2880	—	2	2883	—	3	2886	—	8	2889	—	2
2881	1	15	2884	—	3	2887	3	1			

Druck von Bär & Hermann in Leipzig.